IMPRESSUM

Text: Hermann Krekeler

Illustration: Sonja Egger 1-60 und Rolf Bunse 61-93, außer:

Birgit Rieger: 67u., 75u., 81u.

Stefan Lohr: 69o.

Character: Billa Spiegelhauer

Fotos: Hermann Krekeler, außer:

Heidi Velten: 15, 16, 47 M., 48, 54, 56, 60, 62, 80 Lavendel, 81o., 83o.

Adobe Stock: 45, 46 M.Madriñán; 72o. Daisy Daisy; 72u. Cora Müller; 80o.
Robert Kneschke; 81Ml. ping pao; 92M. wavebreak3

Umschlag und Gestaltung:
Maria Seidel, atelier-seidel.de

5 4 3 2 1

Ravensburger Verlag GmbH
Postfach 2460
D-88194 Ravensburg

ISBN 978-3-473-48030-2
www.ravensburger.de

Hermann Krekeler

NEUE EXPERIMENTE

FÜR NEUGIERIGE KINDER

Ravensburger

SEHEN 61

HÖREN 71

RIECHEN UND SCHMECKEN 79

TASTEN UND KÖRPERWAHRNEHMUNG 87

ALLGEMEINE HINWEISE

FÜR ÜBERWACHENDE ERWACHSENE:

- Weil die Fähigkeiten von Kindern sehr unterschiedlich sein können, sollten die überwachenden Erwachsenen mit Sorgfalt diejenigen **Versuche auswählen**, die geeignet und sicher für das experimentierende Kind sind. Die Anleitungen sollten den Erwachsenen befähigen, das Experiment im Hinblick auf die Eignung für das betreffende Kind abzuschätzen.
- Der falsche Gebrauch von **Chemikalien** kann zu Verätzungen oder anderen Gesundheitsschädigungen führen. Nur solche Versuche durchführen, die in diesem Buch ausdrücklich beschrieben sind.
- Der Erwachsene sollte die in den Anleitungen enthaltenen Warnhinweise und Sicherheitsregeln mit dem Kind oder den Kindern **vor Versuchsbeginn** besprechen.
- **Der Platz**, an dem die Experimente stattfinden, sollte frei von jeglichen Hindernissen und entfernt von der Aufbewahrung von Nahrungsmitteln sein.

FÜR KINDER:

- Lies die **Anleitungen** vor Versuchsbeginn einmal komplett durch.
- Halte **kleine Kinder** unter 8 Jahren und Tiere vom Experimentierplatz fern.
- Reinige deine **Hände** und alle **Geräte** nach den Versuchen.
- Verwende keine anderen **Sachen** als solche, die in der Anleitung empfohlen werden.
- Iss und trinke nicht am **Experimentierplatz.**
- Lass keine **Chemikalien** an deinen Körper gelangen, insbesondere nicht in Augen oder Mund.
- Kommen **Messer, Schere, Nadel oder andere scharfe oder spitze Dinge** zum Einsatz, dann lass dir von einem Erwachsenen helfen. Du könntest dich sonst verletzen.
- **Reste von Nahrungsmitteln** nach dem Versuch entsorgen. Sie dürfen nicht verzehrt oder zu den übrigen Lebensmitteln zurückgegeben werden.
- Bringe mit **Lebensmittelfarbe** gefärbtes Wasser nicht in Kontakt mit Augen, Mund oder Textilien. Im Falle der Berührung mit dem Auge: Spüle das Auge mit fließendem Wasser. Reinige Hände und Geräte nach Beendigung der Versuche.
- **Luftballons und Luftballonreste** bitte umgehend nach dem Versuch entsorgen.

LUFT UND WASSER

LUFT UND WASSER

Luft kannst du normalerweise nicht sehen. Nur wenn sie sich schnell bewegt, spürst du sie als Wind oder du siehst, wie sich im Sturm die Bäume biegen. Wind und Sturm sind nämlich nichts anderes als Luft, die sich schnell bewegt.

Aber die Luft, die sich in einem leeren Glas oder in einer leeren Flasche befindet, die siehst du nicht. Dass sie trotzdem da ist und etwas bewirkt, wirst du bei einigen der folgenden Experimente merken.

Du wirst außerdem herausfinden, wie du aus Luft und Wasser Blasen und Schaum machen kannst. Und du erfährst, dass nicht alle Bläschen, die wie Luftbläschen aussehen, tatsächlich Luft enthalten, sondern Kohlendioxid – das Gas, das im Mineralwasser sprudelt und das entsteht, wenn du zum Beispiel Brausetabletten auflöst.

KAROTTEN-SCHWIMMER

Können Karotten schwimmen oder brauchen sie Schwimmhilfen?

DAS BRAUCHST DU:

1 Karotte,
1 Papptrinkhalm,
einige Zahnstocher,
Gefäß mit Wasser

Mit einem Küchenmesser schneidest du vier gleich große Scheiben von der Karotte ab. Eine Scheibe lässt du, wie sie ist, eine höhlst du mit einem Messer aus. In die dritte Scheibe steckst du kleine Trinkhalmstücke, in die vierte kurze Zahnstocherstücke. Dann gib die vier Scheiben in das Wasser.

WAS PASSIERT?

1 Alle vier Scheiben schwimmen.

2 Alle vier Scheiben gehen unter.

3 Nur das unbehandelte Stück geht unter.

DAS PASSIERT!

Die ausgehöhlte Karottenscheibe schwimmt an der Oberfläche. Die Stücke mit den Halmen und den Zahnstochern sinken etwas ab. Das unbehandelte Karottenstück landet auf dem Grund des Behälters.

Gewöhnlich gehen Karotten unter. **Damit sie schwimmen, musst du ein bisschen nachhelfen.** Du kannst sie aushöhlen, dann schwimmen sie wie Boote. Oder du bastelst ihnen **Schwimmhilfen** aus luftgefüllten Trinkhalmstücken oder Holz. Holz schwimmt und zieht die Karotten nach oben, aber nicht so stark wie die Luft in den Trinkhalmstücken.

DER GEIST IM GUMMIHANDSCHUH

Was machen Brausetabletten mit einem Gummihandschuh? Hier ist zwar keine Zauberei im Spiel, aber es passiert trotzdem Unglaubliches!

DAS BRAUCHST DU:

1 große Tasse,
1 Gummihandschuh,
Vitamin-C-Brausetabletten,
Wasser

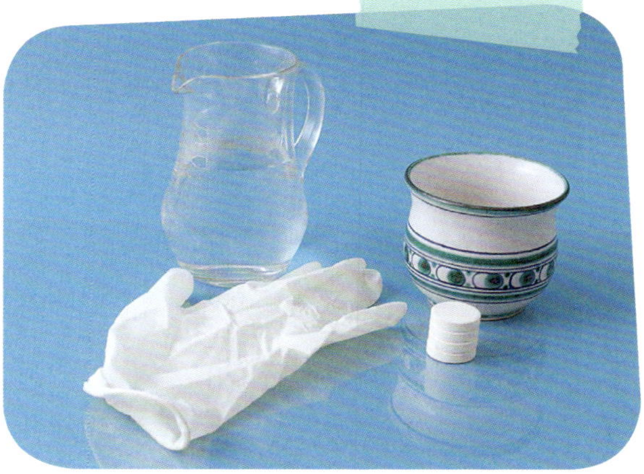

Fülle die Tasse zu einem Drittel mit Wasser. Gib drei bis vier Brausetabletten hinein und stülpe schnell den Gummihandschuh über die Tasse.

WAS PASSIERT?

1 Der Gummihandschuh bläht sich etwas auf.

2 Es passiert gar nichts.

3 Der Gummihandschuh platzt nach kurzer Zeit.

DAS PASSIERT!

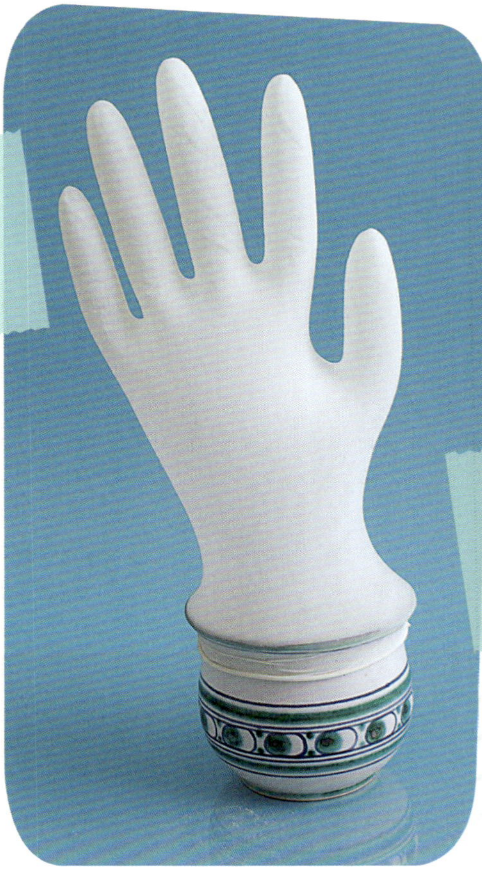

Der Handschuh beginnt sich mit der Zeit aufzublähen, aber er platzt nicht.

Wenn sich die Brausetabletten auflösen, entstehen kleine Blasen aus **Kohlensäuregas**. Es ist die gleiche Kohlensäure, die Mineralwasser sprudeln lässt. **Das Gas kann nicht entweichen** und sammelt sich im Handschuh. Deshalb bläht er sich auf, bis die Tabletten ganz aufgelöst sind.

WER MACHT DIE KLEINSTEN BLÄSCHEN?

Wie kann man aus Spülmittel Schaum erzeugen? Dazu brauchst du auf jeden Fall viel Puste!

DAS BRAUCHST DU:

1 Trinkhalm,
1 Nadel,
Spülmittel,
1 Glas mit Wasser,
Klebestreifen

Knicke den Halm an einem Ende um und klebe das Stück fest, sodass der Halm verschlossen ist. Stich 15 bis 20 kleine Löcher in das Ende des Trinkhalms. Lass dir dabei von einem Erwachsenen helfen. Gib nun etwas Spülmittel in das Glas. Stelle den Trinkhalm hinein und puste in das offene Ende. Achte darauf, dass dein Mund kein Spülmittelwasser abbekommt!

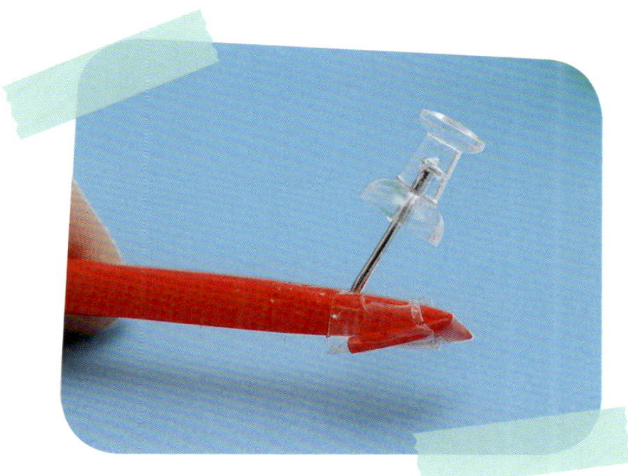

WAS PASSIERT?

1 Der Schaum bleibt im Glas.

2 Der Schaum fließt über.

3 Der Schaum klettert hoch.

DAS PASSIERT!

Wenn du ganz vorsichtig in den Trinkhalm pustest, klettert der Schaum langsam hoch und bildet einen richtigen Turm über dem Becher.

Mit dem Halm pustest du **Luft** in das Wasser. Durch das **Spülmittel** wird die Luft in Blasen eingeschlossen. Je kleiner die Löcher sind, aus denen die Luft kommt, desto kleiner die Blasen. Je kleiner die Blasen, desto fester der **Schaum**. Wenn du ganz feinen, festen Schaum herstellen willst, darfst du nur ganz vorsichtig pusten. Dann bildet sich Schaum, mit dem du sogar Tiere formen kannst.

EIN FROSCH AUF TAUCHFAHRT

Wird der Frosch auf seiner Tauchfahrt trocken bleiben?

DAS BRAUCHST DU:

1 kleine Figur,
1 große Schüssel,
1 Glas,
1 Schraubverschluss,
Wasser

Fülle die Schüssel mit Wasser und lege den Deckel auf das Wasser. Setze dann die Spielfigur sachte auf den Deckel.

Stülpe das Glas nun vorsichtig darüber und drücke es ganz langsam nach unten.

WAS PASSIERT?

Das Glas füllt sich mit Wasser, der Frosch wird nass. Glaubst du das? Blättere um, dann siehst du die Auflösung.

DAS PASSIERT!

Wenn du behutsam vorgehst, dringt kein Wasser in das Glas ein, auch wenn du es bis zum Boden der Schüssel drückst. Der Frosch bleibt also auf seiner Tauchfahrt trocken.

Man kann es nicht sehen, aber das Glas ist mit Luft gefüllt. Deshalb ist darin auch kein Platz mehr und das **Wasser kann nicht eindringen.** Nur wenn Luft aus dem Glas blubbert – zum Beispiel, wenn du es schräg hältst – kann Wasser hineinfließen. Das Glas funktioniert wie eine **Taucherglocke**.

AUF DER KIPPE

AUF DER KIPPE

Bei allen Experimenten in diesem Kapitel musst du damit rechnen, dass etwas umfällt, kippt oder zusammenbricht. Aber keine Angst, dabei geht nichts Wertvolles kaputt. Manchmal wird aber Unerwartetes und Verblüffendes passieren.

Mit solchen und ähnlichen Versuchen beschäftigen sich auch Techniker und Architekten. Zum Beispiel können sie so herausfinden, wie man sturmfeste Türme, stabile Häuser oder sichere, belastbare Brücken baut.

Wenn eine Papierbrücke einstürzt, ist das nicht weiter schlimm, bei einer echten Brücke würde ein großer Schaden entstehen. Deshalb geht man dabei kein Risiko ein und berechnet und plant ganz genau.

Zum Glück lassen sich viele Erfahrungen, die man mit kleinen Modellen gesammelt hat, auch auf große Bauwerke übertragen. Bei diesen Experimenten lernst du im Kleinen Kräfte und Naturgesetze kennen, die überall wirksam sind. Wer sich damit auskennt, kann an seinem Schreibtisch großartige Gebäude entwerfen, die Jahrhunderte überdauern.

DER SCHIEFE TURM AUS ZUCKER

Was passiert, wenn ein Turm aus Zuckerwürfeln nasse Füße bekommt?

DAS BRAUCHST DU:

1 Untertasse,
Zuckerwürfel,
Tinte oder
gefärbtes Wasser,
1 Pipette (falls vorhanden)

Baue in einer Untertasse einen Turm aus sechs Zuckerwürfeln auf. Gib dann unten einige Tropfen Tinte dazu.

WAS PASSIERT?

1. Der Turm färbt sich komplett.
2. Der Zuckerturm kippt nach einiger Zeit um.
3. Der Turm sackt zu einem Haufen zusammen.

DAS PASSIERT!

Du siehst genau, wie die Farbe im Turm aufsteigt.

Nach kurzer Zeit beginnt der Turm zu kippen, ehe er schließlich ganz umfällt.

Das gefärbte Wasser dringt in die Ritzen zwischen den Zuckerkristallen ein. Dabei werden die **Kristalle aufgelöst** und verlieren ihre feste Form. Die unteren Zuckerwürfel sacken dann nach einiger Zeit in sich zusammen und der Turm fällt zur Seite.

EINE BRÜCKE AUS PAPIER

Glaubst du, dass man aus Papierstreifen stabile Brücken bauen kann? Probiere es aus!

DAS BRAUCHST DU:

2 Papierstreifen,
3 kleine Pappschachteln oder Holzklötze,
1 Spielzeugauto

Falte einen der beiden Papierstreifen der Länge nach wie eine Ziehharmonika.

Lege beide Papierstreifen über die Pappschachteln, wie auf dem Bild. Nun probiere mit dem Spielzeugauto aus, ob die Brücke hält.

WAS PASSIERT?

1 Nur der gefaltete Teil der Brücke trägt das Auto.

2 Das ungefaltete Papier kann das Auto tragen.

3 Das ungefaltete Papier knickt ein.

DAS PASSIERT!

Der gefaltete Teil der Brücke ist stabil genug, um das Auto zu tragen. Auf dem ungefalteten Papierstreifen bricht das Auto ein.

Die Knicke im Papier geben der Brücke eine erstaunliche Festigkeit. Aber nur, wenn die Falten **in Fahrtrichtung** verlaufen. Dann nämlich wird das **Gewicht** des Autos an die Pfeiler, die Pappschachteln, weitergeleitet. Faltest du das Papier quer zur Fahrtrichtung, nützen die Knicke nichts. Ganz ähnlich ist es bei einem Stück **Wellpappe**. Das lässt sich auch nur in einer Richtung knicken.

EISKALTE FRACHT

Bleibt die Brücke stehen, wenn das Eis schmilzt?

DAS BRAUCHST DU:

1 Lineal (30–40 cm),
2 Bausteine,
1 Spielzeugauto mit Ladefläche,
1 großen Eiswürfel,
2 Gummiringe,
wasserfeste Unterlage

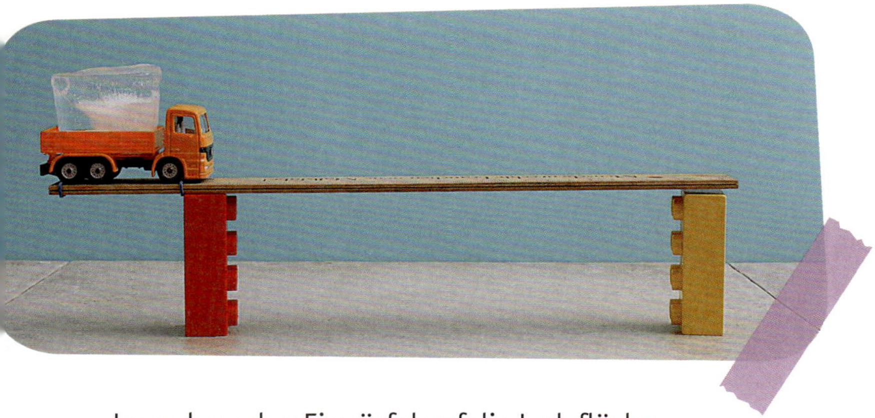

Baue Bausteine, Lineal und Auto so auf wie auf dem Bild. Damit das Auto stehen bleibt, kannst du vor und hinter die Räder ein Gummiband spannen. Das Gewicht des Lineals muss auf beiden Bausteinen liegen.

Lege dann den Eiswürfel auf die Ladefläche und ziehe den vorderen Baustein weg.

WAS PASSIERT?

Wenn das Eis geschmolzen ist, fällt der Lastwagen hinten herunter. Meinst du, das stimmt? Blättere um, dann siehst du die Auflösung.

DAS PASSIERT!

Bereits bevor der Eiswürfel ganz geschmolzen ist, kippt das Lineal rechts nach unten. Das Modellauto setzt sich in Bewegung und fährt die jetzt abschüssige Rampe herunter.

Das Lineal funktioniert wie eine **Wippe.** Anfangs ist sie im **Gleichgewicht:** Lastwagen und Eiswürfel sind genauso schwer wie der lange Teil des Lineals. Wenn das Eis schmilzt, wird die linke Seite immer leichter. Die Wippe gerät aus dem Gleichgewicht und die rechte Seite senkt sich nach unten.

Tipp: Sorge dafür, dass das Schmelzwasser aus der Ladefläche ablaufen kann.

WASSER UND EIS

WASSER UND EIS

Obwohl wir jeden Tag mit Wasser zu tun haben, gibt es uns immer wieder Rätsel auf. Wasser trägt riesige Schiffe, lässt aber einen kleinen Stein untergehen. Ob etwas schwimmt oder nicht, weißt du oft erst, wenn du es ausprobiert hast.

Wasser kann sich bei Kälte in Eis verwandeln und wenn es wärmer wird, schmilzt das Eis wieder. Eis ist hart und fühlt sich schwer an, aber trotzdem schwimmt es.

Wasser passt in jedes Gefäß und kann jede Form annehmen. Es findet die kleinsten Löcher und dringt in alle Ritzen ein. Wasser lässt Salz und Zucker verschwinden, andere Dinge quellen dagegen auf, wenn sie nass werden. Im Stängel einer Pflanze kann Wasser sogar bergauf fließen. Solch erstaunliche Phänomene werden dir in diesem Kapitel begegnen.

Wasser ist flink und fließt auch gern dahin, wo es nicht hin soll. Am besten experimentierst du daher auf einer wasserfesten Unterlage, die einen Rand hat, der das Wasser drinnen hält.

DAS TULPENWUNDER

Was passiert, wenn du eine weiße Blume in farbiges Wasser stellst? Schau genau hin!

DAS BRAUCHST DU:

2 weiße Tulpen (oder andere Blumen mit weißen Blüten),
2 kleine Fläschchen,
Tinte oder Lebensmittelfarbe

Fülle in jedes Fläschchen ein wenig Tinte und gib etwas warmes Wasser dazu. Stelle in jedes Fläschchen eine Tulpe. Warte nun zwei bis drei Stunden und beobachte die Blüten der Tulpen.

WAS PASSIERT?

1 Die Blüten bleiben weiß.

2 Die Tulpen lassen die Köpfe hängen.

3 Die Blütenblätter verfärben sich.

DAS PASSIERT!

Langsam nehmen die Blüten die Farbe an, die du ins Wasser gegeben hast.

In den Stängeln aller Pflanzen sind **feine Leitungen.** In ihnen steigt Wasser nach oben. Es versorgt Blätter und Blüten mit Flüssigkeit und Nährstoffen. Wenn das Wasser eingefärbt ist, **wird auch die Farbe mit transportiert.** Bei weißen Blütenblättern kann man das besonders gut sehen.

KARTOFFEL-BOJE IM TOTEN MEER

Schwimmen Kartoffelstücke in salzigem Wasser besser als in normalem? Probiere es aus!

DAS BRAUCHST DU:

1 rohe Kartoffel,
1 Papptrinkhalm,
Speisesalz,
2 Gläser,
Wasser

Schneide von der Kartoffel ein Stück ab und stecke das Stück Trinkhalm hinein. Male vorher auf den Trinkhalm mit Filzstift einige Striche als Markierungen.

Fülle die Gläser mit Wasser. Gib vier Teelöffel Salz in eins der Gläser und verrühre das Ganze gut.

Lass deine Kartoffel-Boje nacheinander in beiden Gläsern mal schwimmen.

WAS PASSIERT?

Im normalen Wasser sinkt die Boje weiter ein. Meinst du, das stimmt?

DAS PASSIERT!

Man kann es an den Strichen ablesen: Im Salzwasser schaut die Boje ein gutes Stück weiter aus dem Wasser heraus.

Salziges Wasser trägt besser als normales Wasser, weil es **schwerer ist und dichter.** Deshalb drückt es die Kartoffel-Boje weiter nach oben.

Tipp: Wenn die Boje sich stark zur Seite neigt, mache den Trinkhalm etwas kürzer.

BUNTE EISWÜRFEL

**Auch gefärbtes Wasser kann man einfrieren.
Aber was passiert, wenn die Eiswürfel schmelzen?**

DAS BRAUCHST DU:

**Lebensmittelfarbe,
Eiswürfelformen,
1 Glas,
Wasser**

Gib gefärbtes Wasser in die Eiswürfelform. Stelle die Form in das Gefrierfach und warte einige Stunden.

Löse die Eiswürfel heraus und gib sie in ein Glas mit Wasser.

WAS PASSIERT?

1 Die Farben sammeln sich am Boden.

2 Die Farben bleiben an der Oberfläche.

3 Die Farben vermischen sich langsam im Glas.

DAS PASSIERT!

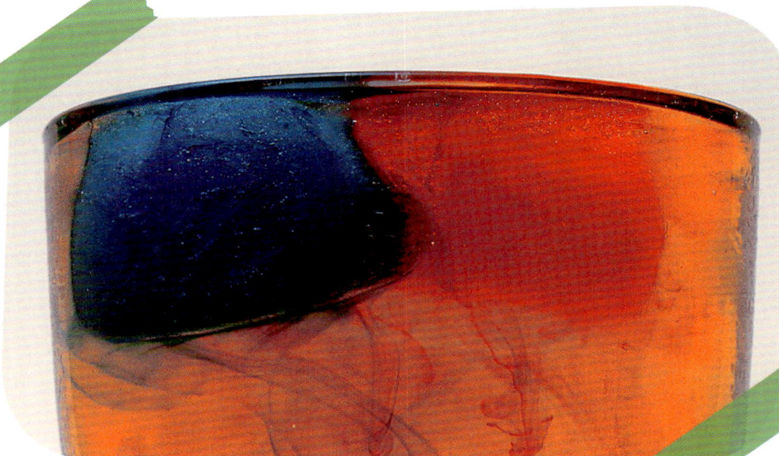

Wenn die Eiswürfel schmelzen, kannst du zuschauen, wie sich die Farben ganz allmählich als Schleier im Wasser verteilen.

Die Farben haben sich vollständig im Wasser aufgelöst und sind mit eingefroren. Trotzdem siehst du beim Auftauen farbige **Wirbel und Schleier**. Das liegt daran, dass sich das farbige **Schmelzwasser** nur langsam im Glas verteilt und vermischt. Du kannst seine Bewegungen genau verfolgen.

KIEFERNZAPFEN IM SPRÜHNEBEL

**Besprühe einen Kiefernzapfen mit Wasser.
Du wirst staunen, was geschieht!**

DAS BRAUCHST DU:

1 trockenen Kiefernzapfen,
1 Sprühflasche mit Wasser

Stelle den Zapfen auf eine wasserfeste Unterlage, sodass er möglichst aufrecht steht. Besprühe den Zapfen stündlich mit Wasser und beobachte, was geschieht.

WAS PASSIERT?

1 Der Zapfen wird ganz grün.

2 Es passiert gar nichts.

3 Der Zapfen schließt seine Schuppen.

DAS PASSIERT!

Im Laufe einiger Stunden schließt der Zapfen vollständig seine Schuppen.

Sobald es draußen feucht ist oder sich Regen ankündigt, schließen Tannen, Fichten und Kiefern ihre Zapfen, damit die Samen zwischen den Schuppen trocken bleiben. Denn nur **trockene Samen** können vom **Wind in alle Richtungen** getragen werden.

ALLES MIT SAND

ALLES MIT SAND

Hast du schon einmal Sandkörner durch eine Lupe betrachtet? Du wirst staunen. Sie sehen aus wie Steine und jedes Korn hat eine andere Form. Betrachtet man Sandkörner unter einem Mikroskop, könnte man sogar meinen, es seien Felsbrocken.

Genau genommen sind Sandkörner auch nichts anderes als winzig kleine Steine. Wenn du einen Stein immer weiter zerkleinerst, erhältst du schließlich Sand.

Beim Experimentieren wirst du merken, dass es unterschiedliche Sorten Sand gibt. Es gibt hellen Sand, dunklen Sand, feinen Sand und groben. Manche Sandkörner sind rund wie Kugeln, andere eckig wie Zuckerkrümel. Runde Körner rollen bergab wie Murmeln, eckige Sandkörner rollen genauso schlecht wie Zuckerwürfel.

Sand ist eine staubige und manchmal schmutzige Angelegenheit. Wähle für diese Experimente am besten einen Ort draußen aus oder such dir eine Unterlage, die schmutzig werden darf und von der sich der Sand nicht gleich im ganzen Zimmer verteilt.

HERZEN IM SAND

Was geschieht, wenn man Sand auf einen Pappteller mit kleinen Löchern gibt?

DAS BRAUCHST DU:

1 tiefen Pappteller,
gesiebten Sand,
1 Stricknadel,
1 Schüssel

Zeichne mit Filzstift ein Bild auf den Pappteller. Entlang der Linien pikst du mit einer Stricknadel Löcher. Das geht am besten auf einer Unterlage aus Styropor. Stelle den Teller auf die Schüssel und fülle ihn mit Sand.

WAS PASSIERT?

1 Der Sand bleibt auf dem Teller.

2 Der Sand rinnt bis zum letzten Korn durch die Löcher.

3 Das Bild wird langsam sichtbar.

DAS PASSIERT!

Der Teller leert sich. Nach und nach kommt die Zeichnung zum Vorschein.

Während unten der Sand aus den Löchern rinnt, fließt von oben immer wieder Sand nach. Das ist **wie bei einer Sanduhr**. Es entstehen kleine Krater mit kreisrunden Wänden. Von den Wänden rutscht der Sand so lange in die Mitte, bis das Loch im Boden des Tellers sichtbar wird.

MALEN MIT WASSER UND SAND

Kann man mit Wasser und Sand ein Bild malen?

DAS BRAUCHST DU:

1 Stück Pappe,
1 Teesieb,
1 Pinsel,
Wasser,
Sand

Tauche zuerst den Pinsel in das Wasser und male dann damit ein Bild auf das Papier.

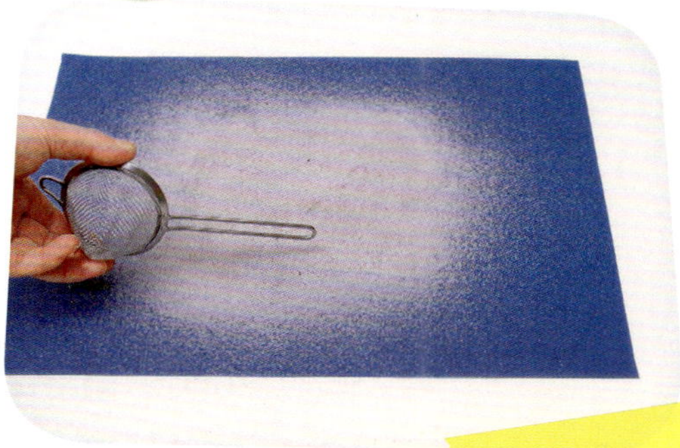

Mit einem Sieb verteilst du gleichmäßig Sand auf dem Blatt. Puste den losen Sand vom Blatt.

WAS PASSIERT?

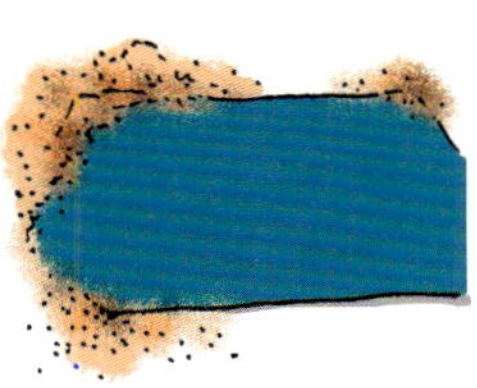

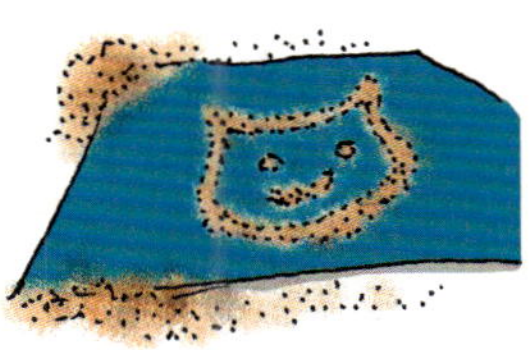

1 Der Sand lässt sich ganz wegpusten.

2 Der Sand bleibt an den feuchten Linien kleben.

3 Der Sand bleibt kleben, fällt aber ab, wenn man das Bild anhebt.

DAS PASSIERT!

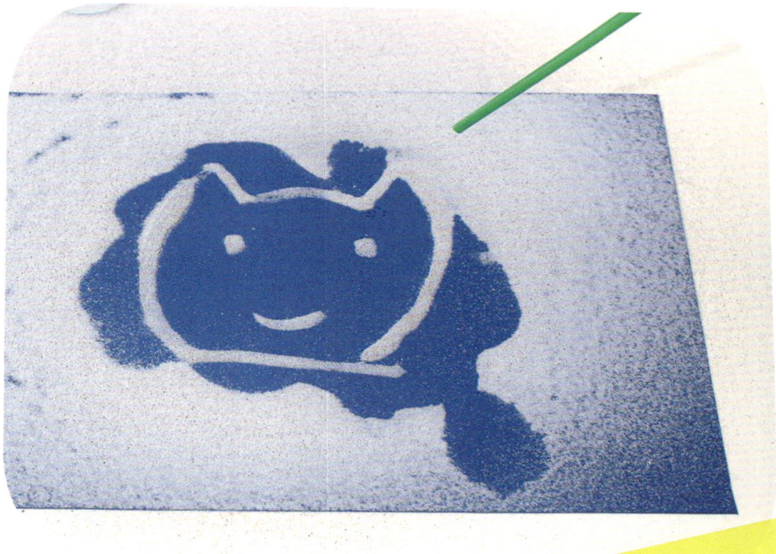

Wenn du den Sand wegpustest, wird deine Zeichnung sichtbar. Der Sand klebt an den feuchten Linien fest.

Sand und Wasser vertragen sich gut.
Das hast du sicher schon im Sandkasten gemerkt, wenn du Sand und Wasser vermischt hast. Da wo der Sand auf deine Zeichnung fällt, nimmt er das Wasser auf und bleibt kleben. Er fällt erst wieder von der Pappe ab, wenn er ganz getrocknet ist.

SANDUHR MIT PFIFF

Was passiert, wenn heller und dunkler Sand durch eine Sanduhr rieseln?

DAS BRAUCHST DU:

2 Fläschchen,
2 Sorten Sand,
Klebeband,
1 Teesieb,
1 Trichter

Klebe die Schraubverschlüsse Rücken an Rücken mit dem Klebeband zusammen. Schlage mit Hammer und Nagel ein Loch durch die Mitte. Dabei sollte dir ein Erwachsener helfen.

Siebe mithilfe eines Trichters erst dunklen, dann hellen Sand in eine der beiden Flaschen. Schraube die Zweite Flasche mit dem Verschluss auf die gefüllte und drehe das Ganze dann um.

WAS PASSIERT?

1 Der helle und der dunkle Sand vermischen sich.

2 Die Schichten bleiben im Sand erhalten.

3 Oben bildet sich ein V aus dunklem Sand.

DAS PASSIERT!

In der oberen Flasche bildet sich ein V aus dunklem Sand. In der unteren Flasche vermischen sich die Sandsorten etwas.

Schon kurz nach dem Start kannst du in der oberen Flasche **einen Krater** sehen, dessen Ränder ständig in Bewegung sind. Der Sand fließt immer gleichzeitig von oben und von der Seite durch das Loch, deshalb vermischen sich **die Schichten** in der unteren Flasche ein wenig und bilden dabei **interessante Muster.**

ZAUBERSAND

Okay, streng genommen geht es hier nicht um Sand, aber das Ergebnis ist echtem Sand verblüffend ähnlich.

DAS BRAUCHST DU:

4 Tassen Mehl,
1 Tasse Pflanzenöl,
Lebensmittelfarbe,
Rührschüssel

Gib das Mehl und das Öl in eine Rührschüssel. Knete die Masse kräftig durch. Wenn du willst, kannst du auch etwas Lebensmittelfarbe untermischen. Das dient aber nur dazu, dass dein Zaubersand besser aussieht. Es geht auch ohne.

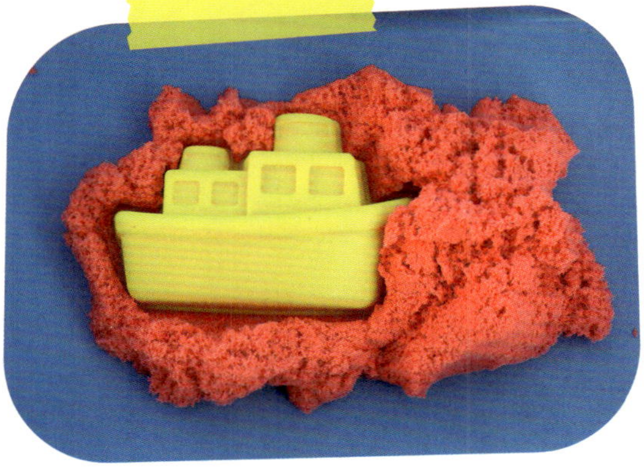

Die Mischung, die du da gemacht hast, hat erstaunliche Eigenschaften. Fülle ein Sandförmchen damit, drücke den Sand fest und kippe es dann auf eine wasserfeste Unterlage (am besten mit Rand, damit es keine Sauerei gibt) und hebe das Förmchen an.

WAS PASSIERT?

Was meinst du, verteilt sich dein Zaubersand in alle Richtungen oder bleibt er hübsch in Form?

DAS PASSIERT!

Die Mehl-Öl-Pampe hält die Form sogar noch besser als echter nasser Sand. Dein Zaubersand verhält sich eher wie ein Mittelding zwischen Sand und Knete.

Gratulation! Du hast soeben **kinetischen Sand** hergestellt! Wenn du ihn formst und drückst, **wird er fest**. Damit kannst du prima bei Regenwetter drinnen spielen (am besten in einer großen Schüssel mit flachem Boden). Wenn du die Masse danach abdeckst, kannst du mehrere Tage damit Spaß haben.

SCHÄTZE IM SAND

Tauchen die kleinen Schätze im gläsernen Schatzkästchen wieder auf?

DAS BRAUCHST DU:

2 alte Bilderrahmen
mit Plexiglasscheiben,
Alleskleber,
feinen Sand,
Schätze (Perlen, Steinchen)

Lege zuerst die Scheiben in die Rahmen. Trage dann rundherum Alleskleber auf, um dein Schatzkästchen abzudichten.

Fülle einen Rahmen mit Sand und kleinen Schätzen. Klebe beide Rahmen mit Klebeband zusammen und drehe das Schatzkästchen um.

Bewege es auf dem Tisch leicht hin und her.

WAS PASSIERT?

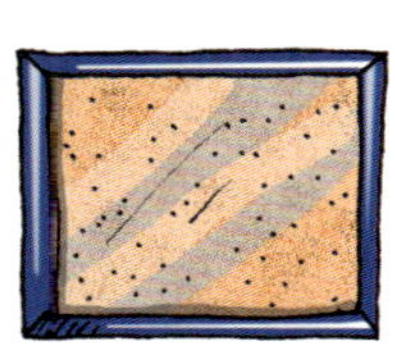

1 Es passiert gar nichts.

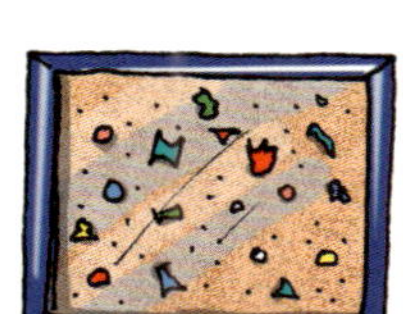

2 Die Schätze werden langsam sichtbar.

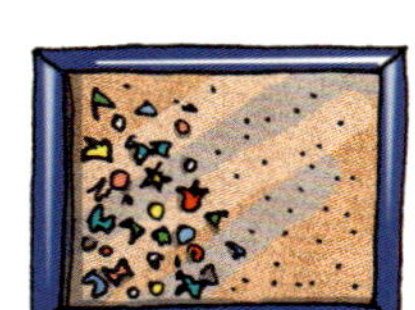

3 Sie sammeln sich in einer Ecke.

DAS PASSIERT!

Je länger du die Konstruktion schüttelst, desto mehr zuvor verborgene Schätze werden allmählich sichtbar.

Beim Schütteln wandern die Schätze nach oben und der Sand nach unten. Wie kommt das? Die **Sandkörner sind viel kleiner** und viel beweglicher als die Schätze. Sie **fließen sofort in jede Lücke,** die beim Schütteln unter den Schätzen entsteht, und drücken sie nach oben. Wenn du das Kästchen jetzt umdrehst, ist nichts von den Schätzen zu sehen.

SANDVULKAN

Was geschieht, wenn du in ein Glas mit Sand pustest?

DAS BRAUCHST DU:

Sand,
1 Papptrinkhalm,
1 Glas

Fülle zuerst das Glas randvoll mit möglichst fein gesiebtem Sand.

Schütze deine Augen mit einer Schutz- oder Sonnenbrille. Halte den Trinkhalm über den Sand und puste in den Halm.

WAS PASSIERT?

1 Es passiert gar nichts.

2 Das Glas fällt einfach um.

3 Der Sand wird hinausgeschleudert.

DAS PASSIERT!

Der Sand sprudelt aus dem Glas wie Wasser aus einem Springbrunnen.

Wenn du von oben in den Sand pustest, weichen die Sandkörner **zur Seite** aus. Sie treffen auf die schrägen Seitenwände des Glases und werden von dort **nach oben** geschleudert. Dann sieht es aus, als ob ein **Vulkan** Sand ausspuckt.

FLIEGER UND GLEITER

FLIEGER UND GLEITER

Schon seit ewigen Zeiten träumen die Menschen vom Fliegen. Da sie aber weder über Federn noch über Flughäute verfügen, mussten sie sich technische Lösungen überlegen, um für mehr als nur einen kurzen Sprung von der Erde abzuheben.

Kluge Köpfe tüftelten im Lauf der Zeit an immer neuen Flughilfen. Das ging von einfachen Gleitapparaten und Heißluftballonen über die ersten Motorflieger und Zeppeline bis zu den Überschalljets und Solarflugzeugen unserer Tage. In diesem Kapitel kannst du selbst einige spannende Flugmodelle bauen.

Hast du eine Idee, wie wir uns in hundert oder zweihundert Jahren durch die Luft bewegen? Dann zeichne sie auf ein Blatt Papier und überlege dir, wie sie technisch genau funktionieren könnte.

SENKRECHTSTARTER

Was passiert, wenn du einen Luftballon mit Flügeln aus Papier starten lässt?

DAS BRAUCHST DU:

1 Luftballon,
1 Stück festes Papier,
Klebeband

Schneide aus festem Papier einen Streifen 40 x 4 cm zurecht. Mache ein Loch in die Mitte und erweitere es auf die Stärke deines kleinen Fingers. Knicke den Streifen so wie auf dem Bild. Schiebe das Mundstück des Ballons durch das Loch.

Blase den Ballon ein Stück auf und befestige ihn mit Klebestreifen an dem Papier. Blase den Ballon ganz auf und lass ihn dann los.

WAS PASSIERT?

1 Der Ballon bleibt, wo er ist.

2 Der Ballon fliegt nach oben.

3 Der Ballon trudelt und stürzt ab.

DAS PASSIERT!

Wenn alles gut geht, schwebt der Ballon ruhig nach oben, statt wie wild davonzutrudeln. Sammle ihn anschließend bitte wieder ein.

Sicher weißt du, was passiert, wenn du einen aufgeblasenen Luftballon loslässt, bevor du ihn zugeknotet hast: Er düst völlig unberechenbar im Zickzackkurs davon. Mit **kleinen Flügeln** aus Papier aber schwebt der Ballon eine Zeit lang **ziemlich ruhig** aufwärts. **Das Gewicht des Papiers** hält den Ballon nämlich aufrecht.

FLINKE WIRBELFLIEGER

Was passiert, wenn du den Wirbelflieger loslässt?

DAS BRAUCHST DU:

1 Stück Papier,
1 Papptrinkhalm,
1 Wattestäbchen

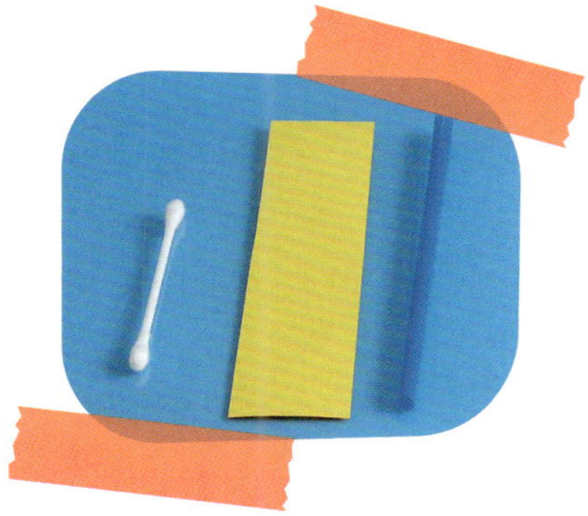

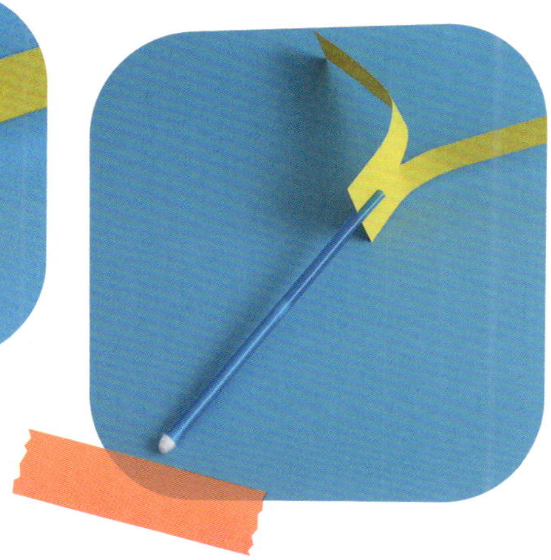

Schneide das Papier so ein, wie du es auf dem linken Bild siehst. An einem Ende schneidest du einen Schlitz in den Halm und steckst den Papierstreifen hinein.

Klappe die Flügel nach außen und schiebe das Wattestäbchen in das andere Ende des Halms.

WAS PASSIERT?

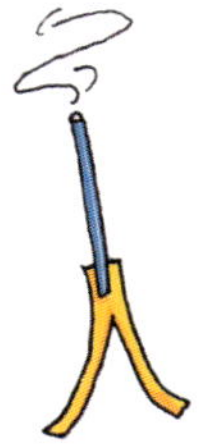

1 Der Flieger trudelt kopfüber abwärts.

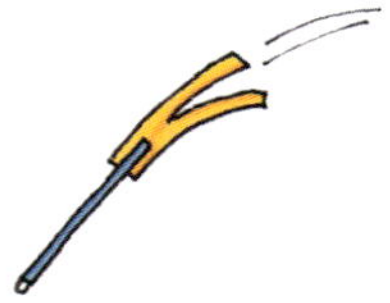

2 Der Flieger flitzt wie ein Pfeil zu Boden.

3 Die Flügel wirbeln wie ein Propeller.

DAS PASSIERT!

Die Papierstreifen wirken wie ein Rotor und lassen den Gleiter in einer Drehbewegung sanft abwärts schweben.

Gäbe es auf der Erde keine Luft, würde der Flieger wie ein Stein zu Boden fallen. Die Luft aber bietet seinen Flügeln **Widerstand** und versetzt sie wie bei einem **Propeller in Drehung.** Der Flieger schraubt sich sozusagen durch die Luft.

DREHTEUFEL

Was passiert, wenn du die Halme mit dem Gummibandmotor startest?

DAS BRAUCHST DU:

Papptrinkhalme, Gummibänder

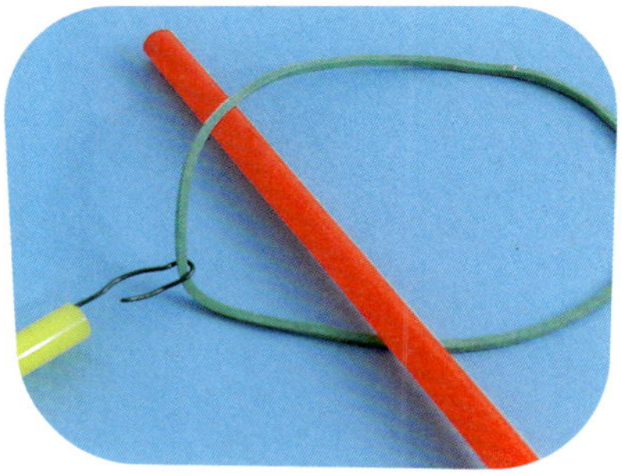

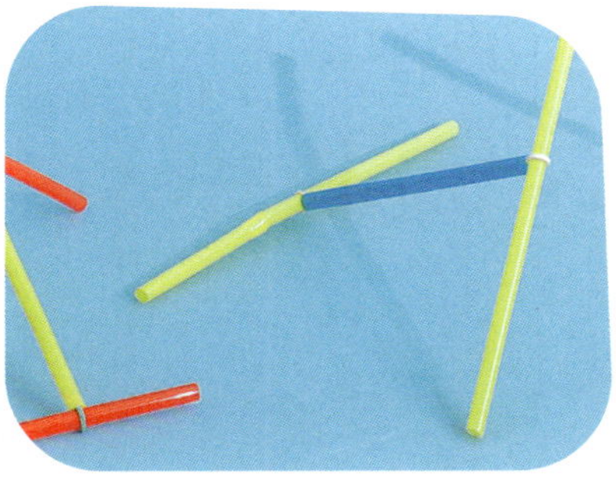

Nimm ein Gummiband und schneide einen Trinkhalm auf die gleiche Länge zu. Schneide zwei weitere Halme auf die gleiche Länge zu. Fädele mit etwas Draht oder einem Holzspieß das Gummiband durch den Halm. Das Einfädeln ist etwas knifflig. Lass dir dabei von einem Erwachsenen helfen.

Stecke auf beiden Seiten ein Halmstück durch die Schlaufen. Ziehe den Drehteufel auf, indem du ein Ende festhältst und mit dem Zeigefinger den Halm auf der anderen Seite 40-mal im Kreis drehst. Und dann lass los!

WAS PASSIERT?

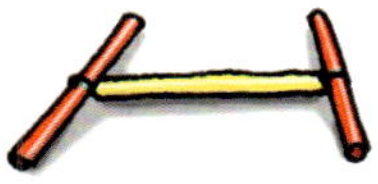

1 Es passiert gar nichts.

2 Die Drehteufel tanzen über den Tisch.

3 Die Drehteufel stellen sich auf und heben ab.

DAS PASSIERT!

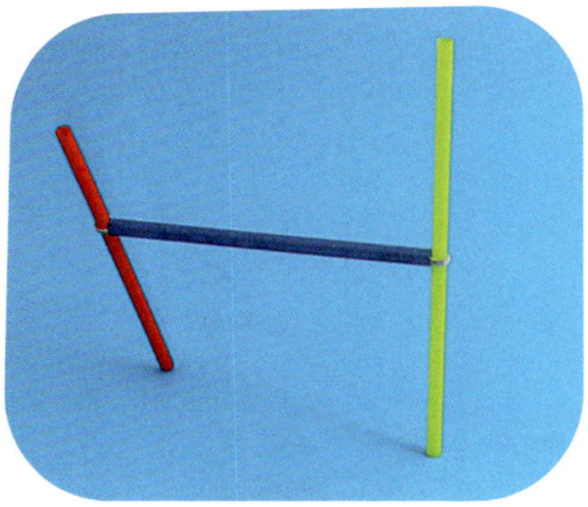

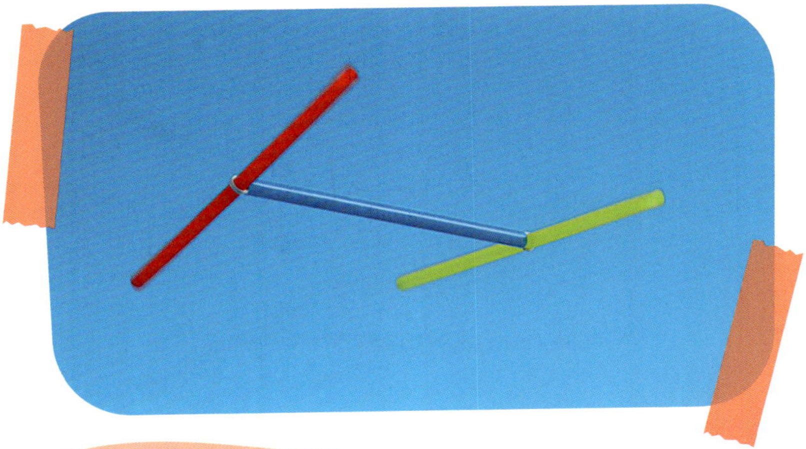

Was für ein verrückter Tanz! Sobald du sie loslässt, fangen die Drehteufel an, wie wild über den Tisch zu hüpfen.

Wenn du den Drehteufel aufziehst, wird im Gummiband **Energie gespeichert.** Genau wie bei einer Uhr mit Feder. Sobald du loslässt, wird die **Energie wieder freigesetzt.** Die Halmstücke drehen sich in entgegengesetzter Richtung und lassen den Drehteufel wild umhertanzen.

EIN FALLSCHIRM FÜR DEN ZAHNSTOCHER

Funktioniert das Schirmchen genau wie ein richtiger Fallschirm? Probiere es aus!

DAS BRAUCHST DU:

1 Zahnstocher,
1 kleinen Filzgleiter,
1 Holzperle,
1 Blatt Papier

Schneide dir aus Papier ein achteckiges Schirmchen zurecht. Knicke es so wie auf dem Bild. Klebe in die Mitte den Filzgleiter. Pikse den Zahnstocher hinein und befestige an seinem Ende die Perle. Knicke den Schirm leicht nach oben, sodass er ein wie ein Trichter aussieht. Halte dann den Fallschirm hoch und lasse ihn fallen.

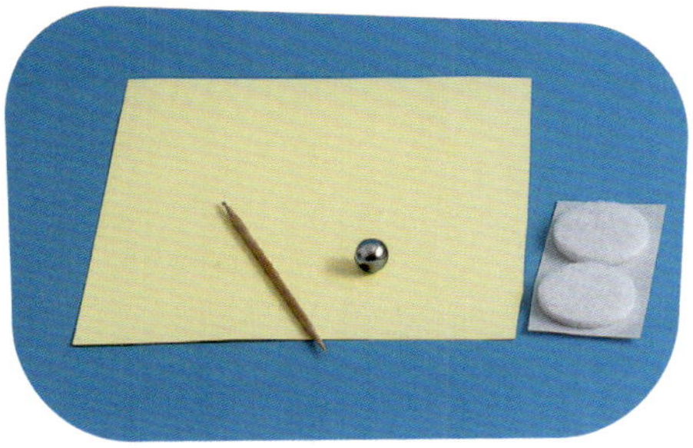

WAS PASSIERT?

1 Der Flieger gleitet wie ein Fallschirm nach unten.

2 Das Schirmchen fängt an, sich zu drehen.

3 Der Flieger überschlägt sich und trudelt abwärts.

DAS PASSIERT!

Wenn du alles richtig gemacht hast, dann schwebt dein Zahnstocher-Papier-Gleiter wie ein echter Fallschirm ruhig zur Erde.

Das Papierschirmchen wirkt tatsächlich wie ein **Fallschirm.** Aber anders als bei einem Fallschirm sollen die Ränder nicht nach unten zeigen, sondern **müssen nach oben geknickt** werden. Das **Gewicht der Perle** am Zahnstocher verhindert, dass der Flieger trudelt und sich überschlägt.

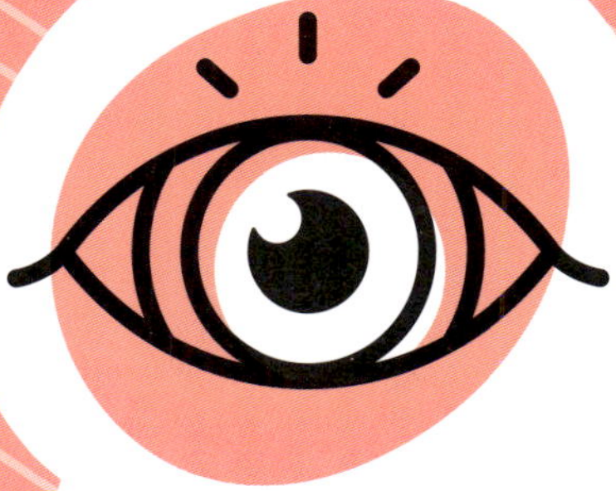

SEHEN

BLICK MIT KNICK

DAS BRAUCHST DU:

Spiegel,
jemanden, der aufpasst,
dass du nicht stolperst.

Ein Blick in den Spiegel kann ganz schön verwirrend sein. Findest du dich dennoch zurecht?

Halte den Spiegel so über deine Augen, dass du deine Füße sehen kannst. Geh los und schau dabei nur auf deine Füße im Spiegel. Kommst du klar? Diesen Blick von oben nennt man Vogelperspektive.

Jetzt hältst du den Spiegel unter deine Augen, sodass du in den Himmel blickst. Geh vorsichtig los, du siehst ja nicht, wohin du trittst. Stattdessen erblickst du Äste, Laternen und Wolken aus der Froschperspektive. Ist das schwieriger?

DAS PASSIERT!

Unsere Augen sind es gewohnt, das zu sehen, **was vor ihnen liegt.** Wird der Blick durch den Spiegel z.B. nach unten gelenkt, meinen wir anfangs, der Boden befinde sich direkt vor uns **in Augenhöhe.** Es braucht Zeit, bis sich unser Gehirn auf den **neuen Blickwinkel** eingestellt hat.

SCHNELL WIE DER BLITZ

DAS BRAUCHST DU:

Holzstab (mindestens 30 cm lang), 1 Papierstreifen (ca. 5 cm lang)

1. Zeichne in Abständen von etwa 3 cm Striche auf den Stab und nummeriere sie. Ein Freund hält den Stab so über deine Hand, dass das Ende frei zwischen deinem Zeigefinger und Daumen hängt. Plötzlich lässt er den Stab los und du musst schnell zugreifen, um den Stab möglichst früh zu erwischen. An der Skala könnt ihr eure Reaktionszeiten miteinander vergleichen.

2. Befestige einen etwa 5 cm langen Streifen aus festem Papier am Ende des Stabes (wie auf dem Foto). Wiederhole den Versuch, aber schließe die Augen. Du musst dich jetzt auf dein Gefühl verlassen. Sobald du den Papierstreifen an Daumen und Zeigefinger spürst, greifst du zu. Reagierst du jetzt schneller oder langsamer?

DAS PASSIERT!

Wenn du siehst oder spürst, dass der Stab fällt, wird ein **Signal an das Gehirn** geleitet.
Es gibt den Befehl: zugreifen.
Dabei vergeht die sogenannte **Schrecksekunde.** Sie ist bei jedem verschieden lang und dauert durchschnittlich etwas mehr als eine Zehntelsekunde.

IM DÄMMERLICHT

DAS BRAUCHST DU:

LED-Teelicht,
Küchenwecker,
Taschenlampe,
Zimmer, das sich ganz verdunkeln lässt.

Deine Augen gewöhnen sich an Dunkelheit. Aber was siehst du im Dunkeln noch?
Verdunkle das Zimmer, setze dich auf einen Stuhl und stelle den Küchenwecker auf 10 Minuten. Deine Augen brauchen mindestens 10–20 Minuten, um sich an die Dunkelheit zu gewöhnen. Schau dich um. Kannst du etwas erkennen? Ist es wirklich ganz dunkel im Zimmer? Nach 10 Minuten zündest du das Teelicht an. Stelle es so, dass es dich nicht blendet. Warte wieder 5 Minuten. Kannst du bei Kerzenschein lesen? Kannst du Farben unterscheiden?

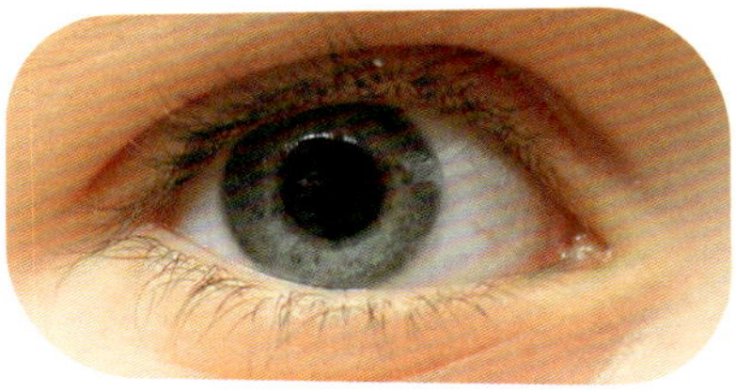

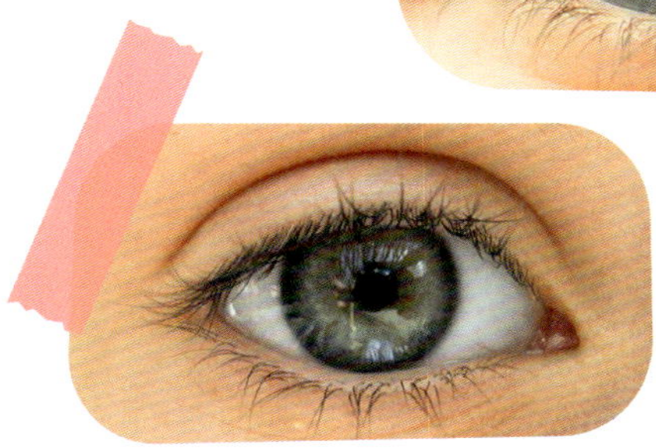

DAS PASSIERT!

Bei hellem Licht verengen sich die **Pupillen.** Bei Dämmerlicht werden sie wieder weit. Allmählich erhöht sich dann die **Empfindlichkeit** der Augen.

Pupillen in Aktion
Sieh in einem abgedunkelten Raum in einen Spiegel. Warte 1–2 Minuten. Kannst du deine Pupillen gut erkennen? Richte den Strahl einer Taschenlampe schräg von unten auf eines deiner Augen. (Achtung: nie direkt ins Auge leuchten!) Beobachte, wie sich die Pupille verändert, wenn das Licht sie trifft. Versuche das Gleiche auch einmal bei einem Freund.

WO SIND DIE FARBEN?

DAS BRAUCHST DU:

30–40 Spielfiguren in verschiedenen Farben, Zimmer zum Verdunkeln, Lampe mit Dimmer

Beleuchte den Raum so, dass du gerade noch die Gegenstände erkennen kannst.

1. Mische die Spielfiguren im abgedunkelten Raum und breite sie auf dem Tisch aus. Nun versuchst du, sie nach Farben zu ordnen. Gelingt es dir?

2. Wenn dir das ganz leichtfällt und du keinen einzigen Fehler gemacht hast, verdunkle das Licht noch stärker und versuch es noch einmal. Immer noch alles richtig? Wahrscheinlich nicht.

DAS PASSIERT!

Unsere Augen können Farben nur dann wahrnehmen, wenn es **ausreichend hell** ist. Bei Mondschein und im Dämmerlicht sind wir **farbenblind.**

Sind Hunde farbenblind? Nicht ganz: Hundeaugen haben farbempfindliche Sinneszellen für Blau-Violett und für Gelb. Blautöne können sie deshalb gut unterscheiden. Grün erscheint ihnen eher farblos, Rottöne sehen sie gelb.

So sieht ein Mensch.

So sieht ein Hund.

LOCH IN DER HAND?

Zwei Augen sehen mehr als eines. Das hat viele Vorteile, manchmal aber auch ganz verblüffende Folgen.

DAS BRAUCHST DU:

Blatt Papier (ca. 20 x 30 cm)
2 Bunt- oder Bleistifte

Rolle das Papier zu einer Röhre. Blicke mit einem Auge hindurch, während du dir eine Hand vor das andere Auge hältst, dicht an der Rolle. Siehst du das Loch in deiner Hand?

SPITZENTREFFEN

Nimm in jede Hand einen Stift. Kneif ein Auge zu und strecke deine Arme aus. Bewege nun die Spitzen aufeinander zu, sodass sie sich berühren. Schaffst du das auf Anhieb?

DAS PASSIERT!

Mit unseren beiden Augen sehen wir **nie genau dasselbe.** Erst **unser Gehirn** fügt beide Bilder zusammen. So kommt es, dass deine Hand und das Loch in der Röhre zu einem einzigen Bild **verschmelzen.** Mit einem Auge erscheint alles flach wie auf einer Postkarte. Es fällt uns schwer, Entfernungen genau abzuschätzen und z.B. eine Nadel einzufädeln.

WO IST DER WURM HIN?

Halte dein linkes Auge zu. Mit dem rechten schaust du aus 20 cm Abstand auf den Apfel, sodass du den Wurm im Augenwinkel siehst. Verändere nun den Abstand etwas und bewege den Kopf leicht vor und zurück. Es gibt eine Stelle, wo der Wurm verschwindet. Mit etwas Übung findest du sie bestimmt.

DER BLINDE FLECK

Schließe dein rechtes Auge. Mit dem linken schaust du auf die Zahl 1. Du solltest aus dem Augenwinkel links das kleine Gesicht sehen. Wandere mit deinem Blick zu den nächsten Zahlen. Etwa zwischen 4 und 7 verschwindet das Gesicht.

9 8 7 6 5 4 3 2 1

DAS PASSIERT!

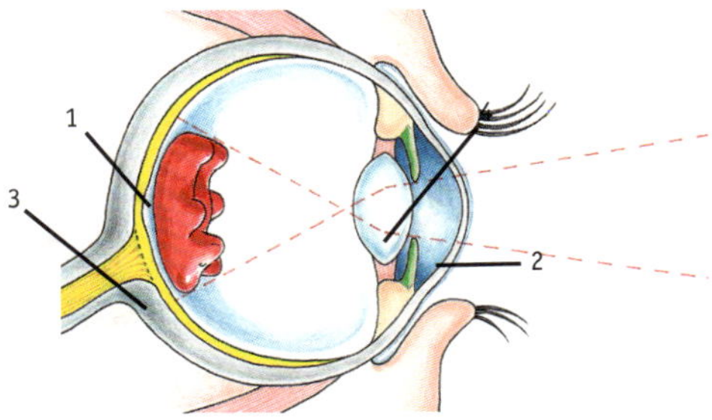

1 Netzhaut
2 Pupille
3 blinder Fleck
4 Linse

Das Licht fällt durch die **Linse** in dein Auge. Es trifft auf die **Netzhaut**, eine Stelle mit licht- und farbempfindlichen Zellen. Nerven leiten die **Lichtreize** von hier zum Gehirn. Wo die Nervenbahnen die Netzhaut verlassen, liegt der **blinde Fleck.** Hier verschwinden Raupe und Gesicht.

DA DREHT SICH WAS

Zauberei? Eine Zeichnung gerät in Bewegung, ein Farbton erscheint uns wie zwei und zwei Bilder verschmelzen zu einem.

Sieh dir das Bild aus etwa 50 cm Entfernung an. Warte einen Moment. Bewege deinen Kopf langsam auf das Bild zu und wieder zurück. Was passiert? Bei den meisten Menschen fangen die farbigen Punkte an zu tanzen. Sie scheinen sich langsam oder schnell im Kreis zu drehen. Probiere aus: Ist der Effekt stärker, wenn du nicht den Kopf, sondern das Bild hin und her bewegst?

DAS PASSIERT!

Wie es kommt, dass manche Bilder zu **flimmern** anfangen oder sich zu **bewegen** scheinen, ist noch nicht endgültig erforscht. Man weiß nur, dass bestimmte **Farbkombinationen** die Effekte verstärken und dass sie vor allem bei Spiralen und Kreisen auftreten.

ALLES GLEICH GRAU?

Lege einen Bleistift quer über den grauen Ring und zwar da, wo die grüne und die violette Fläche aneinanderstoßen. Frage einen Freund, ob der Ring auf beiden Seiten die gleiche Farbe hat. Wahrscheinlich wird er links und rechts einen Unterschied feststellen. Jetzt nimm den Bleistift weg und er kann sich überzeugen, dass der Ring überall die gleiche Farbe hat.

HÄSCHEN IM HUT

Zeichne einen Hut und auf ein zweites, gleich großes Papier einen Hasen. Lege die Rückseiten gegeneinander und überprüfe, ob sie – gegen das Licht gehalten – zusammenpassen. Klebe den Spieß mittig zwischen die Bilder. Sobald du die Bildchen am Stab befestigt hast, kann es losgehen. Nimm den Stab zwischen beide Handflächen und reibe sie hin und her. Wenn du schnell genug drehst, siehst du mit einem Mal den Hasen im Hut, so als wäre es nur ein Bild. Du kannst das Gleiche natürlich auch mit anderen Zeichnungen machen: Blumen in der Vase, Fische im Aquarium, ein Vogel im Käfig. Du musst nur darauf achten, dass Vorder- und Rückseite richtig zusammenpassen.

DAS PASSIERT!

Müssen wir in einer Sekunde mehr als 18 Bilder verarbeiten, nehmen wir sie nur noch als **ein Bild** oder **als Film** wahr.

TESTE DEINEN FARBENSINN

DAS PASSIERT!

Die Rot-Grün-Schwäche ist **erblich.** Sie tritt fast nur bei **Männern** auf und lässt sich bisher nicht heilen oder mit einer Brille korrigieren. Nur **ganz selten** sind Menschen wirklich vollständig farbenblind. Sie sehen alles in Schwarz-Weiß wie bei einem alten Film.

Viele Menschen sind farbenblind und merken es nicht. Die meisten von ihnen haben eine Rot-Grün-Schwäche. Es fällt ihnen schwer, Rot und Grün zu unterscheiden. Wie gut dein Farbensinn ist, kann nur der Augenarzt feststellen. Er benutzt dazu solche Testbilder, wie du sie unten siehst. Wenn du auf beiden Bildern nur farbige Punkte erkennst, kann es sein, dass du eine Farbenschwäche hast. Sonst würdest du eine Blume und einen Vogel sehen.

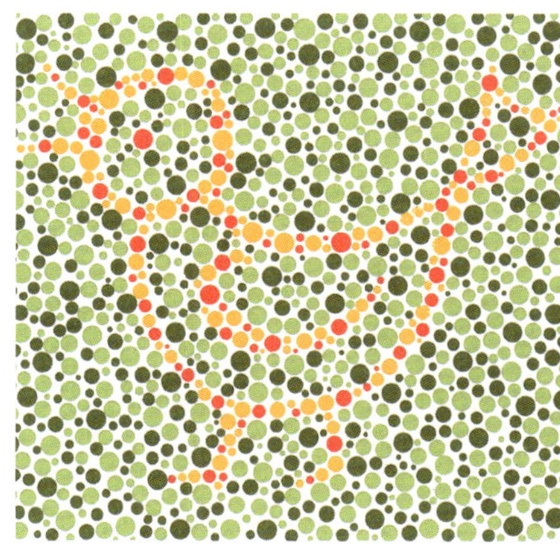

RECHTS- ODER LINKSÄUGIG?

So wie es Rechts- und Linkshänder gibt, so gibt es rechts- und linksäugige Menschen. So kannst du dich testen: Halte mit ausgestrecktem Arm einen Stift in Augenhöhe. Sieh auf seine Spitze und merk dir einen Punkt genau dahinter, z.B. einen Baum. Schließe das rechte Auge. Macht der Stift nun scheinbar einen Sprung nach rechts, bist du Rechtsäuger. Bei linksäugigen Menschen springt er nach links.

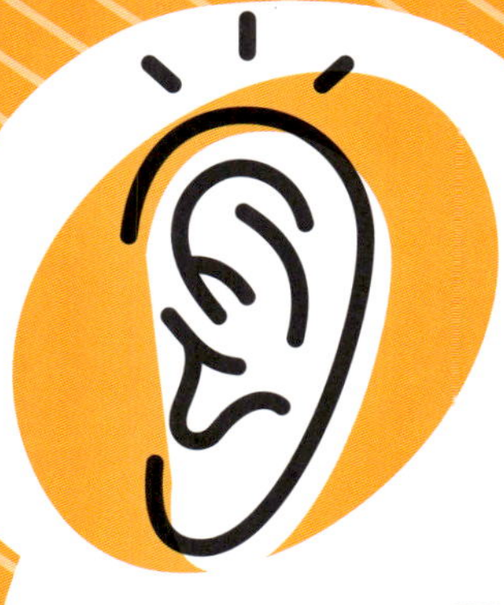

HÖREN

AUF GERÄUSCHE-JAGD

Die Welt ist voller Klänge. Du kannst sie aufspüren, nachahmen oder mit einem Handy aufzeichnen.

DAS BRAUCHST DU:

Smartphone, mit App für Tonaufnahmen

Für die Geräusche-Jagd brauchst du ein Smartphone, das eine App für Tonaufnahmen hat. Notiere dir vorher ein paar Ideen, welche Geräusche du aufnehmen willst: Türklingel, Klospülung, Schritte auf Kies, Limo einschenken, Laubrascheln oder Gesang. Dann ziehst du los und zeichnest die Geräusche auf.

Jetzt wird es spannend: Hast du ein paar spannende Klänge gesammelt? Spiele deine Aufnahmen deinen Freunden vor. Erraten sie, was du da aufgenommen hast?

ECHT ODER NACHGEMACHT?

Einige Geräusche lassen sich so gut nachahmen, dass man sie vom Original nicht unterscheiden kann. Wenn du in einem Film das Klappern von Pferdehufen hörst, sind das in Wirklichkeit meist zwei Kokosnuss-Schalen, die jemand rhythmisch aneinanderschlägt. Hier noch weitere Tipps für dein nächstes Hörspiel.

Regenprasseln: Reis oder Erbsen auf ein Blech, Papier oder Folie rieseln lassen.
Wind und Sturm: Den Mund spitzen wie beim Pfeifen und gegen ein Stück Papier blasen.
Flügelschlag eines Vogels: Mit Lederhandschuhen rasch hin und her wedeln.
Feuerknistern: Zellophanfolie zusammenknüllen.
Schritte im Schnee: Ein mit Mehl gefülltes Stoffsäckchen rhythmisch zusammendrücken.

TU ES NICHT!

Nimm für diesen Zaubertrick ein Stück Papier. Halte es mit der Kante zwischen Daumen und Zeigefinger beider Hände vor deinen Mund. Mach nun mit der rechten Hand eine rasche Bewegung nach unten, als würdest du es zerreißen. Gleichzeitig machst du mit dem Mund mit viel Luft „Pfffft“. Das Reißen klingt so echt, dass sich alle wundern, dass das Papier heil geblieben ist.

DAS PASSIERT!

Wenn wir **sehen,** wie ein Geräusch erzeugt wird, lassen wir uns nicht täuschen. Kommt es vom Band, sind wir leichter in die Irre zu führen. Es kann nämlich sein, dass das Geräusch eher unserer **Vorstellung** entspricht als das Original. Leicht täuschen lassen wir uns auch, wenn wir bestimmte **Erwartungen** haben. Siehst du im Film ein Lagerfeuer, kommst du nicht auf die Idee, dass jemand das Knistern nur mit Papier erzeugt hat.

SCHALLWELLEN IM SAND

DAS BRAUCHST DU:

großen Plastikbecher,
dicken Plastikschlauch,
großen Luftballon,
feinen Sand

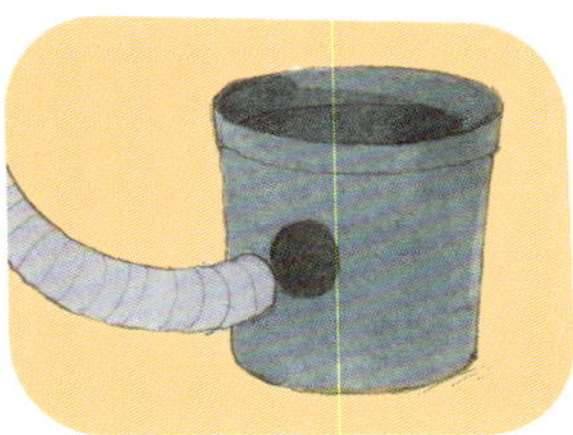

1.

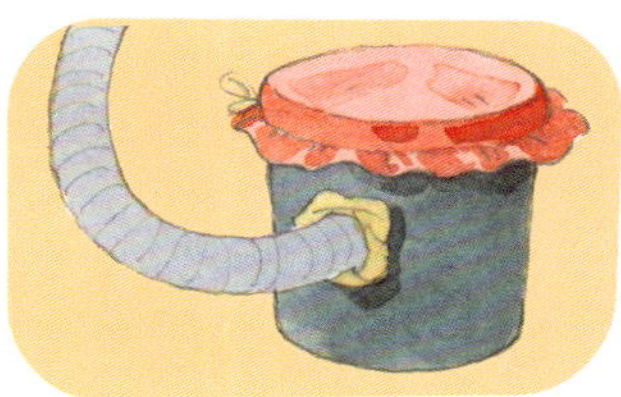

2.

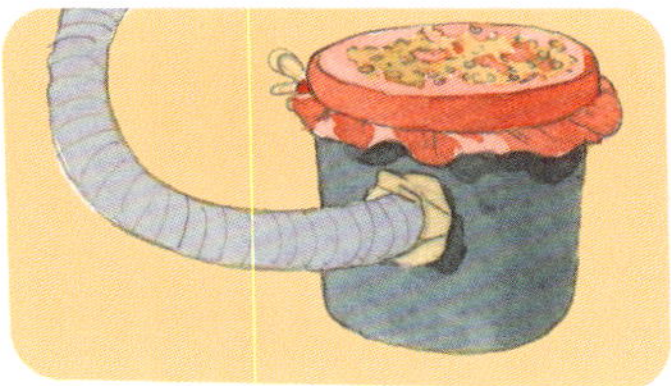

3.

Dieses Experiment macht Töne sichtbar und bringt Sand zum Tanzen.

Schneide mit einem scharfen Bastelmesser ein Loch in den Becher: vorzeichnen, ein Loch in den Rand stechen und einschneiden. Lass dir dabei von einem Erwachsenen helfen.

1. Stecke den Schlauch in das vorbereitete Loch und befestige ihn mit Klebeband.
2. Schneide vom Luftballon das untere Drittel (mit dem Mundstück) ab und spanne ihn über die Öffnung des Bechers. Lass dir dabei helfen.
3. Zum Schluss streust du obenauf mit einem Sieb ein wenig feinen Sand.

Damit die Töne sichtbar werden, musst du kräftig in den Schlauch singen. Deine Hände hältst du wie einen Trichter um den Schlauch. Probiere es so lange, bis der Sand anfängt zu tanzen. Sing „Ah, Eh, Ih, Oh, Uh“ in verschiedenen Tonhöhen. Was passiert?

DAS PASSIERT!

Deine Stimme versetzt die Luft im Schlauch in **Schwingungen**, die sich auf die Luftballonhaut übertragen und die Sandkörner tanzen lassen. Die Klänge lassen **Muster** im Sand entstehen.

MALEN NACH MUSIK

Musik malen kann jeder. Wähle verschiedene Lieblingsmusikstücke aus – langsame, schnelle, fröhliche oder traurige. Konzentriere dich ganz auf die Musik und schließe die Augen. Dein Stift fährt über das Blatt wie ein Schlittschuhläufer über das Eis. Male keine Gegenstände, sondern lass dich nur von der Musik führen.

DAS BRAUCHST DU:

großes Zeichenpapier (möglichst DIN A3), Filz- oder Wachsmalstifte, Musik auf CD oder Kassette

DAS PASSIERT!

Beim Musikmalen werden **Klänge** und **Rhythmen** in Bewegungen umgesetzt. Man könnte sagen, die Hand tanzt auf dem Papier und hinterlässt dabei Spuren.

Was tut sich im Ohr? Alle Geräusche um uns herum gelangen als Schallwellen zu unseren Ohren. Schallwellen sind feine Luftschwingungen. Sie werden von den Ohrmuscheln aufgefangen und zum Trommelfell weitergeleitet. Je nach Höhe und Lautstärke der Töne beginnt das Trommelfell zu schwingen.

Es ist über drei winzige Knochen mit dem Innenohr verbunden. Dort werden die Schwingungen in den Gängen der Schnecke zu Nervenimpulsen verarbeitet und zum Gehirn weitergeleitet.

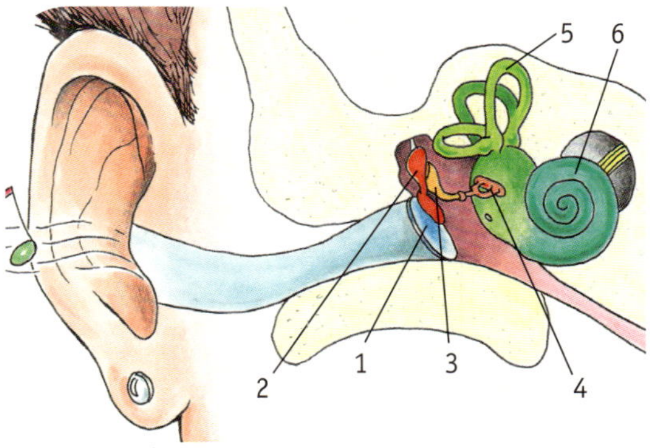

1 Trommelfell
2 Hammer
3 Amboss
4 Steigbügel
5 Bogengänge } Innenohr
6 Schnecke }

ZEIG MIR, WER DA SPRICHT

Das kennst du bestimmt vom Kaspertheater: Du weißt zwar genau, dass die Handpuppen nicht selber sprechen, sondern der Puppenspieler hinter der Bühne. Trotzdem denkst du, Kasper und Grete redeten mit ihren eigenen Stimmen.

Versuche einmal Folgendes: Nimm in jede Hand eine Puppe mit beweglichem Mund. Tu so, als würden sie sich unterhalten, indem du abwechselnd die Münder bewegst und etwas dazu sagst. (Die Zuschauer dürfen deinen Mund dabei nicht sehen.)

Bitte einen Zuschauer, die Richtung anzuzeigen, aus der er die Stimmen hört. Er wird wohl abwechselnd auf die Puppen zeigen. Nun bitte ihn, die Augen zu schließen und wieder zu zeigen, woher die Stimmen kommen. Diesmal wird er auf dich zeigen.

DAS DOPPELTE RADIO

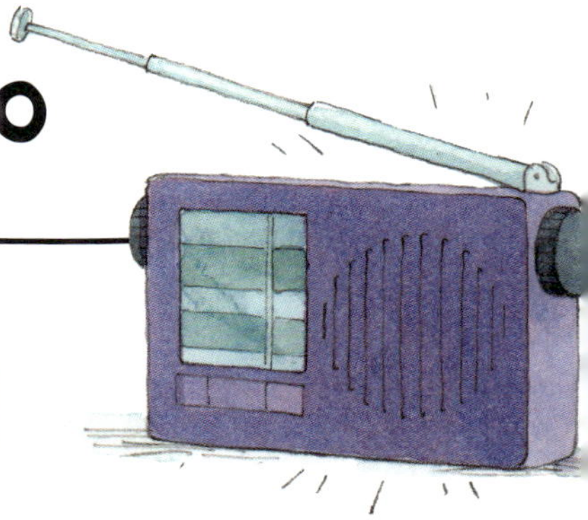

Mit einem Kofferradio kannst du mit einem Freund ein interessantes Experiment machen. Außer dem Kofferradio brauchst du noch ein zweites verborgenes Radio. Stell das Kofferradio gut sichtbar auf einen Tisch, schalte es aber nicht ein, dafür jedoch das verborgene. Du stehst mit deinem Freund in einiger Entfernung von beiden Geräten und sagst: „Mach doch mal das Radio leiser." Zu welchem Radio wird er gehen? Zu dem, das er sieht, aber nicht hört, oder zu dem, das er hört, aber nicht sieht?

DAS PASSIERT!

Wenn Augen und Ohren **gleichzeitig Signale** empfangen, die eigentlich nicht zueinanderpassen, trauen wir fast immer **unseren Augen mehr.** Wir bilden uns ein, die Musik käme aus der Richtung, in der wir das Radio sehen.

AUGEN ZU, OHREN AUF

Wie gut du dich auf deine Ohren verlassen kannst, findest du am besten heraus, wenn du die Augen schließt.

DAS BRAUCHST DU:

Stab,
Dinge mit Borsten, Rillen, Zähnchen oder einer rauen Oberfläche (z. B. Bürste, Sieb, Reibe, Sandpapier)

Halte deine Augen fest geschlossen und bitte einen Freund, einen von den bereitstehenden Gegenständen zu nehmen. Lass ihn mit einem Stab über seine Oberfläche streichen. Hör genau hin: Was war es? Ein Sieb, eine Bürste, ein Kamm?

Einfacher ist es, wenn du deinen Tastsinn zu Hilfe nehmen darfst: Dein Freund stellt drei bis fünf Dinge vor dir auf. Du darfst sie mit deinen Händen gründlich untersuchen. Eines davon nimmt dein Freund nun, streicht mit dem Stab darüber und stellt es wieder zurück. Kannst du ertasten, was es war?

BEIßEN UND RATEN

Diesmal sollst du mit geschlossenen Augen hören, was ein Mitspieler isst. Beißt er in einen Apfel, klingt das anders, als bei einem Pfirsich, Nüsse machen beim Kauen ein anderes Geräusch als Kekse. Frag vorher deine Eltern, welche Dinge ihr nehmen dürft.

Das Raten ist leichter, wenn man vorher gesehen hat, welche Dinge zur Auswahl stehen.

DAS PASSIERT!

Deine Augen liefern dir ständig wichtige Informationen über das, was in deiner Umgebung geschieht. Wenn du sie schließt, müssen **andere Sinne** ihre Aufgaben übernehmen. Blinde Menschen schulen und verfeinern deshalb ihren **Tast- und Geruchssinn,** bis sie mit den Händen und Ohren „sehen“ können.

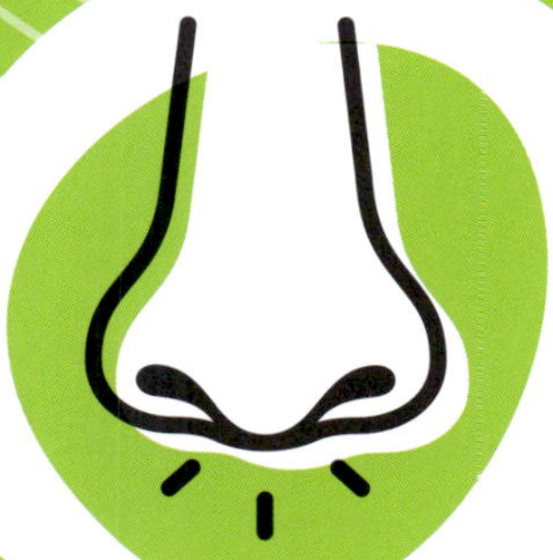

RiECHEN UND SCHMECKEN

GERÜCHE IM HAUSHALT

Riechen und Schmecken gehören ganz eng zusammen und lösen ähnliche Gefühle aus.

Schnapp dir einen Erwachsenen und dann schaut euch mal zusammen bei euch im Badezimmer oder in euerer Küche um. Benutzt dazu nicht nur die Augen, sondern ganz besonders eure Nasen.

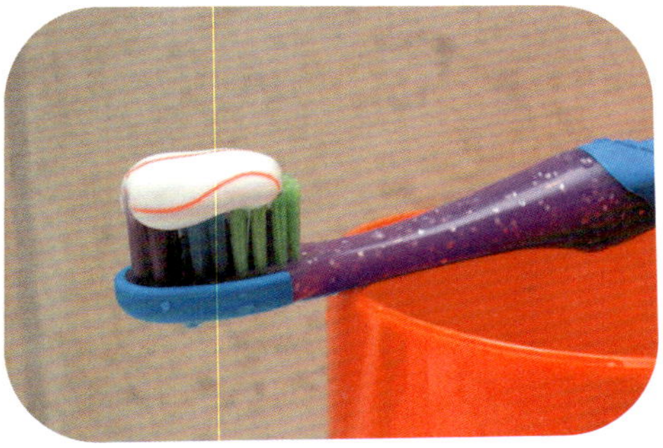

Wie viele verschiedene Gerüche kannst du aufspüren? Welchen Geruch magst du am liebsten? Welchen überhaupt nicht? Wonach riecht deine Zahnpasta?

Was gibt es alles in eurer Küche zu riechen? Welche Gewürze stehen im Regal? Kennst du sie alle? Wie riecht Gemüse? Riecht Toastbrot anders als Vollkornbrot? Kann man Butter riechen? Oder Zucker? Oder Milch?

Magst du den Geruch von Zwiebeln? Es heißt: Über Geschmack lässt sich nicht streiten. Es gibt wahrscheinlich keine zwei Menschen, die in allem den gleichen Geschmack haben. Das ist sicher auch in deiner Familie so. Wie kommt es aber, dass der eine Zwiebeln mag, der andere nicht? Das weiß bis heute niemand ganz genau.

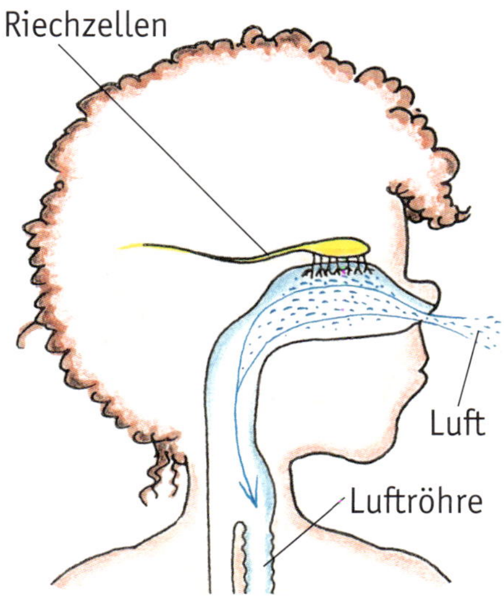

Wie das Riechen funktioniert:
Mit der Atemluft gelangen die verschiedenen Duftstoffe in unsere Nase. Oben in der Nase auf der Riechschleimhaut sitzen etwa drei Millionen Riechzellen. Sie sind mit feinen Sinneshärchen ausgestattet. Jede Riechzelle ist nur für einen einzigen Duftstoff zuständig.
Sobald dieser beim Einatmen an ihren Sinneshärchen vorbeizieht, melden diese das dem Gehirn. Auf diese Weise können wir etwa eine Billion verschiedene Gerüche und Geruchskombinationen wahrnehmen.

DUFTDOMINO

DAS BRAUCHST DU:

7 Holzspatel (aus der Apotheke),
14 Filz-Teppichschoner (aus dem Baumarkt),
7 natürliche Duftöle

Das Duftdomino ähnelt dem normalen Domino. Der Unterschied ist: Man legt nicht zwei gleiche Zahlen aneinander, sondern zwei gleiche Gerüche.

Auf die Enden der Holzspatel klebst du je ein Filzstück (Teppichschoner). Darauf tropfst du die Duftöle: auf jeden Spatel zwei verschiedene. Insgesamt darf jeder Duft nur zweimal vorkommen. Wenn die Spatel, Duft an Duft, in der richtigen Reihenfolge liegen, kannst du sie auf der Vorder- oder Rückseite beschriften (z. B. mit 14 Buchstaben, die ein Wort ergeben).

Dazu brauchst du eine gute Nase. Nimm jedes Stäbchen und teste seinen Geruch. Dann suchst du den passenden Geruch auf einem anderen Stäbchen und legst sie aneinander. Wenn alles richtig ist, liegen die Stäbchen am Ende im Kreis. Die Buchstaben (auf der Vorder- oder Rückseite) müssen das Lösungswort ergeben.

WENN DIE NASE GENUG HAT

Ist dir aufgefallen, dass es nach einiger Zeit immer schwieriger wird, die verschiedenen Düfte zu unterscheiden? Die Riechzellen in deiner Nase sind gesättigt und brauchen eine Pause. Auch an unangenehme Gerüche gewöhnen wir uns recht schnell.

Probiere es aus: Stelle eine Schale Essig auf. Den intensiven Geruch nimmst du nach einer Weile kaum mehr wahr. Wenn du das Zimmer aber verlässt und nach ca. 15 Minuten wieder betrittst, bemerkst du ihn sofort.

OHNE NASE KEIN GESCHMACK

Für die feinen Unterschiede beim Schmecken ist nicht die Zunge, sondern die Nase zuständig.

DAS BRAUCHST DU:

Obst- und Gemüsestücke,
2 Holzspatel,
Gummiband

Lege für die Nasenklammern die Spatel aufeinander. Verbinde sie an einem Ende mit Klebestreifen, am anderen mit dem Gummiband.

Kennst du das? Du hast einen Schnupfen und die Nase ist verstopft. Es gibt dein Lieblingsgericht, aber es schmeckt langweilig und fad. Das zeigt dir, wie wichtig die Nase für das Schmecken ist. Sind die Sinneszellen in deiner Nase z. B. durch einen Schupfen lahmgelegt, kannst du weder richtig riechen noch schmecken. Das lässt sich leicht überprüfen. Setze die Klammer auf und schließe die Augen. Jetzt lass dich von einem Freund mit einem Probehappen füttern. Kannst du schmecken, was es ist?

Wenn du etwas gleich erkennst, liegt das meist nicht an seinem Geschmack, sondern an dem Gefühl, das du beim Kauen hast: Ein Pfirsich kaut sich anders als ein Stück Kohlrabi.

DAS PASSIERT!

Die Zunge erkennt nur süß, sauer, bitter, umami und salzig. Andere **Geschmacksstoffe** werden beim Kauen freigesetzt. Sie steigen durch den Rachen in die Nasenhöhle und werden dort von den **Riechzellen** bestimmt.

SCHOCKNUDELN UND GIFTKARTOFFELN

Schon das Aussehen einer Speise löst bei uns angenehme oder unangenehme Gefühle aus. Das Auge isst mit, sagt man.

DAS BRAUCHST DU:

Lebensmittelfarben,
Pinsel,
1 Handvoll Nudeln,
2 große Kartoffeln

Lass deine Eltern Nudeln und Kartoffeln kochen und färbe anschließend je die Hälfte mit Lebensmittelfarbe.

Überrasche deine Freunde doch einmal mit Lebensmitteln in Schockfarben: giftgrüne Kartoffeln oder tintenblaue Nudeln. Wie reagieren deine Versuchspersonen? Ekeln sie sich? Oder wollen sie das Essen unbedingt einmal probieren? Gib ihnen zum Vergleich die gleiche Speise ohne Farbe. Schmecken sie einen Unterschied?

Das dürfte eigentlich nicht sein, denn die Lebensmittelfarben haben keinen Eigengeschmack. Lass sie auch mit geschlossenen Augen probieren und raten, welches die angemalten Speisen sind.

DAS PASSIERT!

Wenn Lebensmittel nicht ihre gewohnte Farbe haben, sind wir **verunsichert.** Das ist auch gut so. Grün z.B. zeigt bei vielen Früchten an, dass sie noch **unreif** oder bereits **verschimmelt** sind.

SÜẞES SALZWASSER

DAS BRAUCHST DU:

6 gleich große Becher,
Wasser,
Salz,
Esslöffel

Bereite die Gläser mit Salzlösung so vor:

Fülle alle sechs Becher zu zwei Dritteln mit Leitungswasser. Gib in das erste Glas 4 Teelöffel Salz und rühre um. Das Salz muss sich nicht vollständig auflösen. Dann fülle 3 Esslöffel davon ins nächste Glas. Wieder umrühren und 3 Esslöffel ins nächste Glas geben. So verfährst du bis zum fünften Glas, ins sechste Glas kommt reines Leitungswasser.

Stelle die Gläser vor dir auf. Nimm der Reihe nach von jedem Glas einen kleinen Schluck. Beginne beim letzten Glas (Nr. 6), in dem das reine Wasser ist. Was schmeckst du? Wahrscheinlich schmeckt das Wasser von Glas zu Glas salziger. Das wird dich nicht überraschen. Ein Rätsel ist dagegen, warum das Wasser im Glas Nr. 5 leicht süßlich schmeckt.

DAS PASSIERT!

Stark verdünntes Salzwasser schmeckt tatsächlich **leicht süßlich.** Warum das so ist, darüber rätseln die Forscher noch. Wenn der Effekt bei deinen Versuchen ausbleibt, musst du das Salzwasser noch weiter verdünnen.

TEST FÜR FEINSCHMECKER

Mit Fruchtsäften kannst du testen, wie gut dein Geschmackssinn ausgeprägt ist.

DAS BRAUCHST DU:

Fruchtsäfte, Becher, Strohhalm

Damit man die Säfte nicht an ihrer Farbe erkennen kann, bekommen die Becher einen Deckel:

Stelle einen umgedrehten Becher auf ein Stück Pergamentpapier (20cm x 20cm).

Fahre mit einem Stift um den Rand und schneide das Papier mehrfach von außen bis zu dieser Linie ein. Jetzt lässt es sich über den Becherrand knicken. Stich in die Mitte noch ein Loch für den Halm.

Der Test besteht aus drei Teilen:

1. In jedem der fünf Becher ist ein anderer Fruchtsaft. Kannst du schmecken, welcher es ist?
2. In jedem Becher ist ein Gemisch aus zwei Säften. Welche sind es?
3. In jedem Becher sind drei Säfte. Welche schmeckst du heraus?

Auswertung: Für jeden richtig erkannten Saft gibt es einen Punkt. Werden alle Bestandteile eines Mixgetränks richtig erkannt, gibt es einen zusätzlichen Punkt. Maximal kann man also 40 Punkte erreichen (erster Teil: 5 Punkte, zweiter Teil: 15 Punkte, dritter Teil: 20 Punkte).

0–10 Punkte
Du kannst dich bestimmt noch steigern. Übung macht den Meister.

11–26 Punkte
Prima! Auf deinen Geschmackssinn kannst du dich verlassen.

27–40 Punkte
Super! Du bist ein Naturtalent!

TASTEN UND KÖRPERWAHRNEHMUNG

TASTEN, ERKUNDEN, ZEICHNEN

Fingerspitzengefühl, Fantasie und Talent zum Zeichnen sind deine wichtigsten Helfer bei diesem Versuch.

DAS BRAUCHST DU:

Für jeden Spieler ein Säckchen, in das seine Hand bequem hineinpasst, Papier und Stifte, viele kleine Dinge (z. B. Spielfiguren, Muscheln, Glöckchen)

Bitte einen Freund, eine Reihe kleiner Gegenstände zu besorgen, die du und deine Mitspieler möglichst nicht kennen. Jedem von euch steckt er einen davon in sein Fühlsäckchen. Eure Aufgabe ist es, möglichst genau zu zeichnen, was ihr fühlt. Wenn ihr gleich erratet, was es ist, fällt das Zeichnen natürlich leichter.

Achte darauf, dass keine Dinge in das Fühlsäckchen wandern, an denen man sich verletzen kann.

Kannst du erkennen, welche Gegenstände die Zeichnungen darstellen sollen?

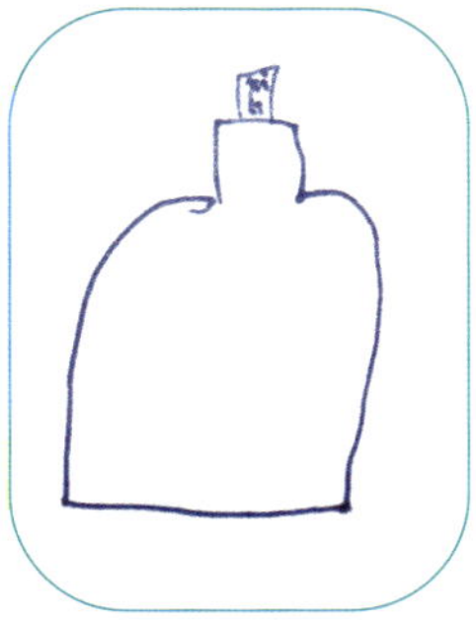

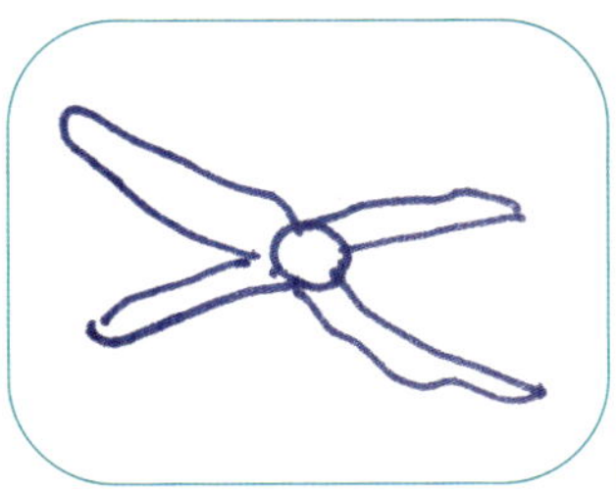

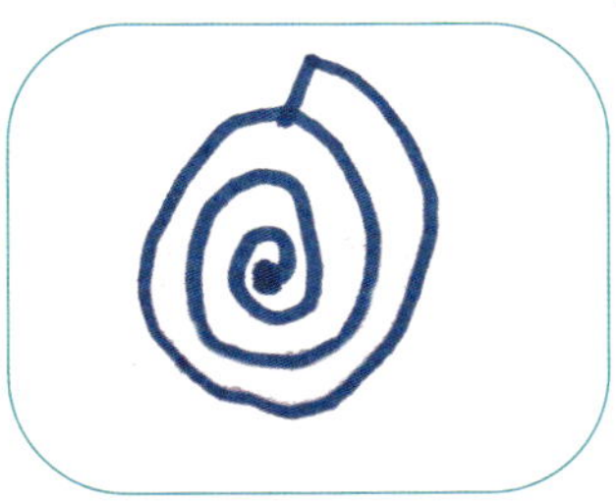

DAS PASSIERT!

Wenn du in das Fühlsäckchen greifst, sammelt deine Hand **Informationen:** Ist das Ding rund, eckig, spitz, rau, glatt? Gleichzeitig fragt sich dein Gehirn: Was könnte das sein? Erkennst du den Gegenstand nicht, kannst du nur das zeichnen, was du **tatsächlich fühlst.** Meinst du aber zu wissen, was es ist, zeichnest du nach der **Vorstellung,** die in deinem Gehirn von dem Gegenstand gespeichert ist. Dabei kann es passieren, dass du Sachen zeichnest, die du gar nicht fühlen kannst, z.B. das angemalte Auge bei einem Entchen.

MIT FINGERSPITZEN LESEN

Wie fühlt sich ein „B" an, wie ein „H"? Mit selbst gemachten Buchstaben zum Anfassen kannst du es herausfinden.

DAS BRAUCHST DU:

viele etwa postkartengroße Stücke aus Karton oder Wellpappe,
Materialien, aus denen man Buchstaben aufkleben oder stecken kann (z. B. Papptrinkhalme, Kordel, Pfeifenreiniger, Schaumstoffstreifen),
Klebstoff

Fertige Buchstaben aus verschiedenen Materialien an. Die Buchstaben zeichnest du am besten vor. Dann klebst oder steckst du sie mit dem entsprechenden Material auf den Karton oder die Pappe.

So bastelst du Sandbuchstaben:
Zeichne einen beliebigen Buchstaben mit einem Klebestift auf ein Stück Pappe. Streue feinen Sand darüber. Schüttle zum Schluss den losen Sand ab und warte, bis der Klebstoff getrocknet ist.

Versuche, mit geschlossenen Augen die Buchstaben zu ertasten. Erspüre sie am besten zuerst mit der ganzen Handfläche, dann mit den Fingerspitzen.

Bitte einen Freund, dir die Augen zu verbinden und ein Wort aus den selbst gemachten Buchstaben zu legen. Lass dich an der Hand zum ersten Buchstaben führen – du kannst ja nicht sehen, wo das Wort anfängt. Nun lass deine Finger über die Schrift gleiten und versuche herauszufinden, was da steht. Wenn es dir gelungen ist, tauscht ihr die Rollen.

DAS PASSIERT!

Das Lesen mit den Fingern kann man trainieren. Nach einiger Zeit gelingt es immer besser. Allerdings ist es viel leichter, **bekannte Formen** zu ertasten als **unbekannte.** Während du tastest, vergleicht dein Gehirn die Eindrücke ständig mit Formen, die es bereits **gespeichert** hat. Gibt es Übereinstimmungen, kombinierst du, was es ist, und brauchst nicht länger zu tasten. Ein **unbekanntes Zeichen** dagegen kannst du erst aufzeichnen, wenn du jede Einzelheit erkundet und behalten hast.

MIT DEM RÜCKEN LESEN

Lass dir von einem Freund mit dem Finger einen Buchstaben auf den Rücken schreiben. Kannst du spüren, welcher es ist? Und wie steht es mit einem ganzen Wort? Kannst du es entziffern? Dann tauscht ihr die Rollen. Ihr könnt es auch mit einfachen Bildern versuchen: ein Pilz, eine Blume, ein Baum, eine Sonne …

BALANCIER-KÜNSTLER

Auf einem Kippelbrett die Balance zu halten ist schwieriger, als es aussieht. Es besteht aus einer harten Papprolle oder Plastikröhre und einem Brett, das man lose auf die Rolle legt. Beuge dich leicht nach vorn und geh ein wenig in die Knie. Sonst landest du schnell unsanft auf dem Rücken.

Hast du schon mal gesehen, wie Menschen schwere Dinge auf dem Kopf transportieren? Es scheint ihnen nichts auszumachen. Probiere aus, wie gut dir das gelingt. Du brauchst dazu kleine und große, leichte und schwere Dinge, die nicht kaputt gehen, sollten sie mal abstürzen.

DAS PASSIERT!

Wenn du balancierst, wird dein Gleichgewichtssinn von deinen Augen und den Tastzellen in deiner Fußsohle unterstützt. Diese funktionieren am besten, wenn du barfuß auf festem Grund stehst. Noch verlässlicher aber sagen dir deine Augen, wann du aus dem Gleichgewicht gerätst.

FEINABSTIMMUNG

Weißt du, welche Sinne dir helfen, das Gleichgewicht zu halten oder einen Besen zu balancieren? Es sind mehr, als du denkst.

Stellt euch Rücken an Rücken und verhakt die Arme wie auf dem Foto. Bewegt die Füße vorsichtig nach vorn und versucht, euch langsam hinzusetzen und dann wieder aufzustehen. Mit ein wenig Übung wird euch das immer besser gelingen.

So bleibst du im Gleichgewicht:
Wahrscheinlich weißt du gar nicht, dass du ein Gleichgewichtsorgan besitzt. Es liegt verborgen in deinem Innenohr und besteht aus Röhren (sogenannte Bogengänge), die mit einer Flüssigkeit gefüllt sind. (Sieh dir diese Bogengänge auf S. 75 an.) Wenn du den Kopf neigst oder drehst, gerät diese Flüssigkeit in Bewegung, genau wie die Luftblase in einer Wasserwaage, wenn du die Waage schief hältst. Mehrere Tausend Sinneszellen mit feinen Härchen melden jede Flüssigkeitsbewegung in den Röhren an das Gehirn weiter. So kann es die Position deines Kopfes und deines Körpers berechnen, auch wenn du die Augen geschlossen hast.